企画　小山薫堂
哲学監修　富増章成

●●

お厚いのがお好き?

JN263843

扶桑社文庫
0558

Introduction

あなたは気づいているだろうか？
私たちのまわりに、貴重な知識の泉があることを。
ニーチェもカントもキルケゴールも読まずに
人生を終えるなんてもったいない。

さぁ活字の闇をさまよいなさい。
厚い本の世界に――。

とても分厚く難しい本を、とても易しく読み解く
フジテレビ深夜の教養番組「お厚いのがお好き？」。
本書はこの番組の学習内容を、復習のため、
そして新たに学ぶために編纂しました。

Contents

ニッコロ・ディ・ベルナルド・
ディ・マキャベリ

イタリアの政治家、政治学者。ルネサンス期のフィレンツェ共和政府書記官・外交官として活躍したが、メディチ家が権力の座につくや追放され、政界から引退し、その余生を著述に専念した。最も有名な著作「君主論」(1513)では、いかなる手段をとってでも、自身と国家の権力を保持し拡大する支配者の必要性を提起している。政治を宗教や道徳から独立した存在として考え、近代政治学の祖とされる。

01

第1冊
ラーメンで読み解く
マキャベリの「君主論」

Niccoló di Bernardo dei Machiavelli

1469-1527

16世紀のフィレンツェ。ある一人の政治家が「君主論」という一冊の書を記した。そしてこれこそ、後の世の為政者たちが密かに愛読し、その内容の影響力ゆえ、禁断の書とまでいわれた本なのである。そして今に生きる私たちがこれを読めば、企業経営からダンナの操縦法まで幅広く役に立つともいわれている。そこで、この章では、それはムリだろうという批判は覚悟の上で「君主論＝ラーメン」を比較検討してみることにする。でもこれが意外にぴったり合っていたりするから、あら不思議。

人間という生き物は二つに分類することができます。マキャベリの「君主論」を読んだことがある人間と、「君主論」を読んだことのない人間です。

私の独自の調査によりますと、最近、この混沌とした世の中を生き抜く指南書として、「君主論」への興味が劇的に高まってきているようです。しかし、この難しそうなタイトルを目にしただけで、敬遠してしまいたくなる人もたくさんいることでしょう。

でも、もう安心。その「君主論」をいとも簡単に読み解ける鍵がここにあります。そう、それはラーメン。この一見何の関係もなさそうに見えるこの「君主論」とラーメンの間には、歴史のイタズラとも思える不思議な絆があったのでした……。

1

君主論とラーメンの関係

「君主論」。それは今からおよそ500年前、ひとりの王に捧げられた一冊の本であった。そしてそこに書かれていたのは、王として立派に国を治めるための方法。今風にいえば、経営者が成功を収めるためのHow to本のようなもの。

しかし「君主論」に記された教えは、実はとても恐ろしいものであった。

その教えとは、

「目的の為には手段を選ぶな」

その冷酷さ故に、時には悪魔の書ともいわれ、キリスト教徒に焼かれたことさえあったこの本。だが、その教えは時代の闇を生きのび、歴史を大きく揺り動かしてきたのである。

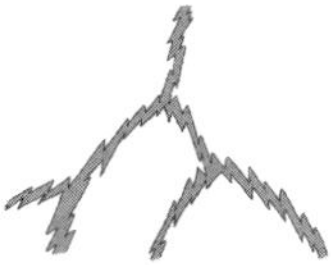

例えば、ロシアの革命家・レーニン（※1）。「君主論」を肌身はなさず持っていたという彼は、その教えを実践。そして、ソビエト連邦という世界初の巨大な社会主義国家を作り上げたのである。

さらにイタリアの独裁者・ムッソリーニ（※2）。幼い頃から子守唄代わりに父の朗読する「君主論」を耳にして育った彼もまた、その教えを実践し、ヒトラーと組み第二次世界大戦を引き起こした。

そして作家で政治家の田中康夫（※3）。彼もまた「君主論」を心の糧として政治の世界に飛び込んだともいわれている。

そんな「君主論」が書かれたのは16世紀のイタリア。当時のイタリアはヴェネチア、フィレンツェ、ミラノ、ナポリなど、各都市が主導権をめぐり、日夜争いを繰り広げる混乱の時代であった。それはまさにハンバーガーに牛丼、はたまたカレー、回転寿司など、激しくしのぎをけずりあう、現代の日本の外

食産業とあまりにそっくりな状況。そして今日、その外食産業の君主的存在といえば、まさにラーメンであるといえよう。

そしてココだけの話、ラーメンが外食産業の君主にのぼりつめた要素と「君主論」の恐ろしい教えとの間には、いくつもの共通点が見出せるのである。

例えば、

「君主には悪徳も必要である」

常識では、君主たるもの善であれと考えがちであるが、「君主論」ではまったく逆のことを説いている。世の中を治めるためには、きれいごとばかりではすまされない。悪い部分があっても、成功すれば許されると「君主論」には書かれているのだ。

実は、ラーメンが庶民の生活に普及しはじめた時が、まさにそういう状況であった。

時は明治。それまで日本人にとっての麺といえば、あっさり味のそば、うどん、そうめん。しかも当時の日本人は肉食を禁じられていた。そんな彼らにとってラーメンはあまりに衝撃的。このように肉でダシをとり、油もたっぷりのラーメンは、うまいどころか、忌み嫌う食べ物。まさに悪の食べ物として、ラーメンはその名を歴史に刻んだのである。

そして、「君主論」には、

「時には欺け」

とも書かれている。

これは目的を遂行するためなら、人々を欺いても仕方がないと説いているのだ。

実はラーメンもまた、その歴史をひも解けば、欺きの連続なのだ。

例えば、普段食べている味噌ラーメン。それが実は、昭和30年代、札幌の酔っ払いが味噌汁に麺を入れたことがきっかけで誕生したことを、あなたはご存知だろうか。驚くべき事実である。

さらに、あの太い感じがたまらないサッポロ麺。実をいえば、最初からあのモチモチした食感を狙っていたのではなく、客に満腹感を与えようと、麺に加える水を増やしたところ、偶然あの太くて黄色い麺が誕生したのだ。

こうなったら、もやしの話も暴露しておこう。今でこそ、もやしはサッポロラーメンに欠かせない具と思われているが、それは大きな間違い。当初は、甘味を出すため玉ねぎが使われていたが、原価を少しでも安くするために、もやしを入れたのが始まりといわれている。このようにサッポロラーメンにおけるもやしとは、玉ねぎの代用品。つまり欺きの象徴なのである。

しかし、それがうまかったことで、すべては許された。どんなに悪かろうが欺かれようが、うまければ人々は行列をつくるのである。

「君主論」は、こうもいう。

「悪いことは一度に大きく全部やってしまえ」

つまり「君主論」では、きれいごとをならべて良い結果を出さないより、悪いことをやってでも良い結果へと導け、と説いているのだ。

ラーメンが外食産業の君主であることは、よーくわかりました。しかし、みなさんもすでにお気づきではないでしょうか。ラーメンの世界にも、たくさんの君主が存在することを。

この数年間で、ブームの主流は、御当地ラーメンから御当人ラーメンへと変わりました。つまり、今やどこのラーメンかではなくて、誰の作るラーメンかで人気が決まる時代。そしてその君主ともいえるのが、彼なのです……。

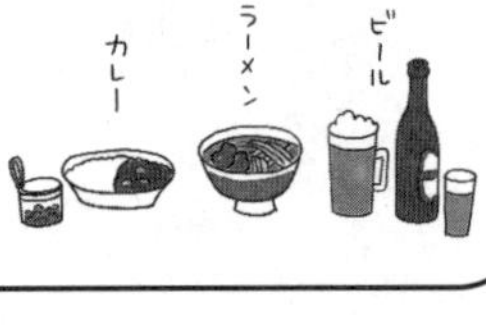

2
君主論の実践例

日本最高峰のラーメン店「支那そばや」(※4) 店主、佐野実。食材の鬼と呼ばれる彼が作るラーメンの原価率はなんと40%以上。人並みはずれたこだわりと、独自の経営哲学で、ラーメン界の君主にのぼりつめた彼の人生は「君主論」の教えにピタリと一致する。

ところが、そんな今でこそ、超人気店の代名詞といわれる「支那そばや」であるが、実は1986年の開店当初は閑古鳥が鳴いていたのだ。当時のメニューはラーメンの他に、カレー、ビールなど、決してラーメン一本で勝負している店ではなかったのだ。そこで開店２年目にして、佐野はこう決意する。

「ラーメンを邪魔する奴はいらない」

すると途端に客が倍増。佐野は今までの自分のおろかさに気づき、ラーメンひとすじで生きていこうと心に誓ったのであった。

佐野のこの行動、「君主論」ではこうつづられている。

「君主は軍事に専念せよ」

つまり、君主たるもの、趣味にうつつを抜かしていては、決して成功は得られないと説いているのである。このようにラーメン専門店となり、様々な客が集まりはじめた「支那そばや」。そんなある日、テニス帰りの客が店で騒ぎだし、おまけにビールを出せと要求。佐野がそれを断ると、やがて口論になり、最後に客たちはテニス

ラケットをふりかざしてきた。

これに対し佐野は、気づいたらナタを手にしていた……。

佐野の形相におびえた客たちは、すぐに店から退散。その噂はたちまち広まり、以来店内での私語は激減。ある種の緊張感までただようようになった。

佐野のこの行動。「君主論」では以下のようにつづられている。

「君主は愛されるよりも恐れられよ」

いくら愛されていても、気まぐれな民衆の心はいつ変わるともわからない。それより恐れられ、民衆を支配していた方が、君主としてははるかに安全なのである。

そんな中、日を追うごとに佐野のこだわりはきびしさを増してゆく。中でもこだわったのが、麺の味を決める小麦の品質。その品質を保つには、温度の管理が最も大切であった。そんなある日、ひとりの客が「寒いから空調を止めてくれないか」といってきた。すると佐野は客に対し、こういったのである。

「おまえより小麦が大事だ」

佐野のこの行動。「君主論」では以下のようにつづられている。

「君主は人を捨てる事を知れ」

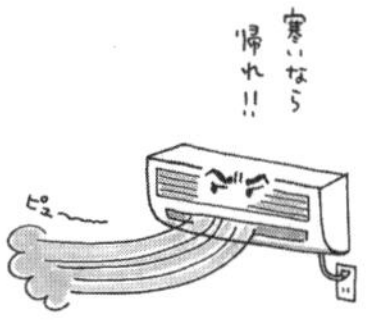

つまり、人情ばかりにしばられている君主に成功はない、と説いているのである。

このように、時には悪になることもいとわず、ただひたすらうまいラーメンを追い求めてきた佐野。気づけば時代が彼にひれ伏し、ラーメン界の君主的存在になっていた。そして、その澄んだ琥珀色のスープは我々にこう語っている。

何かを成し遂げようとする人間にとって
「君主論」の教えは真実に他ならない、

と……。

思い出してみてください。ついさっきまで、自分はとってもいい人なのに、なんで人生うまくいかないんだろうと悩んでいたあなた。きっとヒントを得られたのではないでしょうか。ある意味で、中途半端な態度はかえって人の迷惑になるのかもしれないのです。でも、本当に悪になりきってお縄をちょうだいするようなまねはやめましょう。

しかし、そもそもマキャベリはどうしてこのような本を書くことになったのでしょうか? そしてその意外な答えは、彼の人生に隠されていました。

3

君主論を書いた男

国を治めるためには悪であれ。そんな「君主論」を書いた男、ニッコロ・マキャベリ。彼に対する人々の評価は、こんな言葉となり時代を越え語り継がれている。

【マキャベリスト】(※5)
目的のためなら手段を選ばない冷酷非道な人のこと。

しかしこれは、大いなる誤解に他ならない。彼は決して冷酷非道な男ではなかったのである。

500年前のイタリア、フィレンツェ共和国。それぞれの都市が、争いを繰り広げる混乱の時代に、マキャベリは外交担当の敏腕書記官として理想の社会を作り上げようと使命に燃えていた。しかし、予期しなかった事態が起こる。道楽にふけり、フィレンツェから追い出されたはずの、かつての支配者メディチ家(※6)の子孫が、再びフィレンツェに戻ってきたのだ。そこで、メディチ家不在の時代に活躍していたマキャベリは、当然のごとく目をつけられ、結果、書記官を首にされ投獄。実に2年間にわたる拷問を受けたのである。

しかし、そんな地獄を体験するも、奇跡的に釈放されたマキャベリはこう考えるようになっていた。

「二度と拷問を受けないために、一刻も早くメディチさんに仕えなければ」と。

こうして、メディチ家のご機嫌をとるために、マキャベリは本を書いた。それこそが君主の地位を維持するためのコツをつづった「君主論」に他ならないのだ。つ

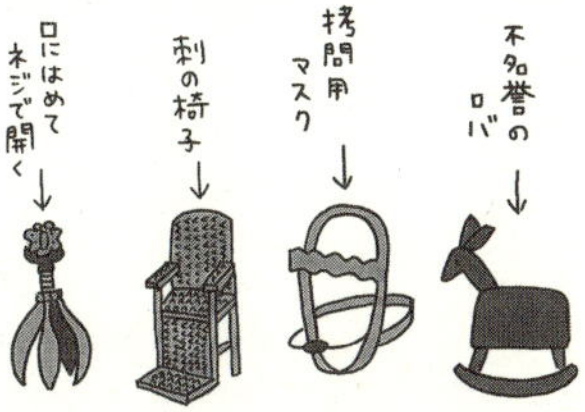

まりこれは、現代でいうところの政治家への賄賂のようなものだったのである。

しかし、そこにつづられた数々の教え。後に、悪の教えともいわれるそれらの言葉は、マキャベリが見、聞き、体験してきた悲しい現実そのものだったのだ。

そんな現実を冷静な眼差しで見つめ直したマキャベリ。しかしそこに込められた彼の願いはただひとつ、祖国イタリアの統一であった。

彼はこんな言葉を残している。

「私は我が魂よりも、我が祖国を愛する」

マキャベリは、決してマキャベリストではなかったのだ。

このように運命に翻弄されたマキャベリ。彼は「君主論」の最後にこんなことを書いています。

「運命とは女性のようなもの。
機嫌を損ねて思うようにならない時は
積極果敢に、たたいてでもものにしろ」

ただやさしいだけでは女性にも運命にも見放されてしまうのです。

そんなマキャベリの「君主論」。さあ、今日からあなたも、心に王座をもって生きようではありませんか!

注釈コーナー

※1　レーニン

(Vladimir Il'ich Lenin 1870〜1924)

ロシアの革命家、政治家。マルクス主義をロシアの現実と帝国主義の時代に適用し、レーニン主義理論を確立。十月革命を指揮し、ソビエト連邦を建国。ソ連型社会主義の創始者として、20世紀の革命と社会主義に大きな影響を与えた。

※2　ムッソリーニ

(Benito Mussolini 1883〜1945)

イタリアの政治家、ファシスト党統領。ファシスト党を組織し、1922年にクーデターを起こして政権を獲得するや、ファシズム独裁政治をしき、領土拡大を目指す帝国主義的外交政策を展開。ヒトラーと共に、ヨーロッパを第2次世界大戦の渦中に巻き込んだ。

※3　田中康夫

(たなか やすお 1956〜)

1980年「なんとなく、クリスタル」で文藝賞を受賞し、著述活動を続ける。その後、長野県知事、参議院議員を経て、現在は衆議院議員。新党日本代表。著書は「神戸震災日記」「東京ペログリ日記大全集①〜⑤」「ナガノ革命638日」「日本を-ミニマ・ヤポニア」など多数。

※4　支那そばや

佐野実が1986年にオープンさせた、神奈川県藤沢市鵠沼海岸にあった伝説のラーメン店。現在は神奈川県横浜市戸塚区にある「支那そばや本店」と、「新横浜ラーメン博物館」(神奈川県横浜市港北区)館内の店舗にて、その味を堪能することができる。

※5　マキャベリスト

マキャベリズムとは、目的の達成のためには非道徳的な手段をも認め、権謀術数をたくましくする政治上の行動様式や主義のこと。これを実践する人こそ、マキャベリストと呼ばれる。マキャベリが「君主論」で説いたことが発端となり、このように呼ばれるようになったものの、マキャベリ本人は冷酷非道な人ではなかった。

※6　メディチ家

イタリアのフィレンツェの富豪・政治家一族。14世紀から商業・銀行業により勢力を伸ばし、15世紀中ごろにフィレンツェの実権を握る。教皇レオ10世、クレメンス7世を輩出、1569年トスカナ大公家となる。1737年断絶。なお、ルネサンス学問・芸術に大きく寄与した功績もある。

蘊蓄コーナー

1513年に執筆され、のちにメディチ家のロレンツォ2世に献呈されたこの「君主論」。これは1532年に公刊されたものの、あまりの過激な内容のため、1559年にはローマ教皇庁により、さっそく禁書目録としてあつかわれるようになってしまった。つまり発禁処分である。

プロイセンのフリードリヒ大王が書いたとされる「反マキャベッリ論」(1740)なる書物がある。これは題名の通りマキャベリの反人道性を批判したものである。しかし実際にはこの大王、かなりマキャベリズムを活用していたという事実が残されている。皮肉というか、紙一重というか、人間の本質をついている問題というか……。なかなか興味深い逸話といえよう。

マキャベリは、信義に厚く、慈悲深いという理想的な君主の姿は認めつつも、現実には邪悪な人間が大勢いる中では、この君主は没落してしまうであろうと述べている。君主は約束を踏みにじり、冷酷であることも時と場合によっては必要なのだと説いているのだ。これは当時、ずっと続いてきた宗教的、道徳的な政治観という歴史を、現実的な政治思想へと一気にひっくり返してしまうほどの衝撃力を持っていた。このように政治を倫理性から独立させたという点で、この本は社会科学の祖ともいわれている。

道徳家などから批判の対象となってしまうこの「君主論」。しかしマキャベリは、「目的の達成のためには非道徳的な手段をも是認する」という政治的な成功の原則を作り出そうとしたのではなく、実は現実を描こうとしていたという部分に注目していただきたい。これは大きな違いである。

「君主は獅子のごとくたけだけしく、狐のごとく狡猾」でなければならないと説いたマキャベリ。しかしその裏には、実は国家統一を通じて人民の福祉を図るという熱い理念があったことは重要である。

政治、軍事論として知られるマキャベリであるが、「マンドラゴラ」(1518)なる戯曲を書いている。しかも内容は驚くことに喜劇! 実は当時の彼の文筆家としての名声を高からしめたのは、この戯曲であったという。

フリードリッヒ・ウィルヘルム・ニーチェ

ドイツの哲学者。ボン大学で古典文献学を学ぶ。1869年には異例の若さでバーゼル大学の教鞭をとった。「悲劇の誕生」(1872)を著したが学会から認められずに孤立。キリスト教やそれまでの哲学における伝統的価値に代わる新たな価値の創造を課題として研究し、「ツァラトゥストラはかく語りき」(1883〜1891)では、その新たな価値の体現者としての「超人」という概念を提示した。他の著作に「曙光」(1881)、「善悪の彼岸」(1886)、「道徳の系譜」(1887)、「この人を見よ」(1888)などがある。

02

第2冊

ダイエットで読み解くニーチェの「ツァラトゥストラはかく語りき」

Friedrich Wilhelm Nietzsche

1844-1900

人間誰しも「難解な本を読むこと＝カッコイイ」という出来心を抱く瞬間がある。しかし、そんな熱意に冷や水をかける最も効果的な本として有名なのが、このニーチェの「ツァラトゥストラはかく語りき」！ エネルギッシュな決めフレーズの連続で我々を奮い立たせながら、結局、何のことについて書かれているのかサッパリ理解できないこの名著。神がいないんなら、人間が神になっちゃえって、そんな乱暴な……。

さあ、いってみましょう！
「ツァラトゥストラはかく語りき！ ツァラトゥストラはかく語りき！ ツァラトゥストラはかく語りき！」。

この早口言葉のようなタイトルの本を書いた人物は、フリードリッヒ・ウィルヘルム・ニーチェ。ドイツが生んだ偉大なる哲学者です。私の調査によりますと、近年、20代から30代の女性を中心に、ニーチェの人気が高まり、あの広末涼子さんも「ニーチェを読むと落ち着きます」といっていたことがあるとか。でもそんな「ツァラトゥストラはかく語りき」を、もしあなたがまだ読んだことがないなら、それはいうなれば「カタ焼きそば一つ」と頼んだのに「カタ」を聞き取ってもらえず、素直に普通の焼きそばがでてきてしまって、しかもそれを食べてしまっているくらい悲しいことです。

でもご安心を。「ツァラトゥストラはかく語りき」。この後すぐ、読んだ気分になれますから。

1

ツァラトゥストラのあの言葉

そんな「ツァラトゥストラはかく語りき」であるが、その主人公ツァラトゥストラとは一体誰？ という疑問が頭をよぎる。しかし、実はこれニーチェの分身。いわば女優の柴咲コウと歌手のRUI（※1）のような関係だ。そして舌を噛みそうなこの名前、実はこれ、古代ペルシアの宗教ゾロアスター教の教祖、ゾロアスターのドイツ語読み（Zarathustra）なのである。

そしてこの本のあらすじはというと、哲学者ツァラトゥストラが、山中での孤独な生活で蓄えた叡智を、人々に分かち与えるために山を降りてゆくという、それはそれは単純なストーリー。しかしそんなツァラトゥストラが山を降り、人々にまず教えたかったこととは一体何だったのか？ それは恐らくみなさんも知っているあの有名な言葉である。

「　　　」は死んだ。

というわけで、ここでクイズ。カッコの中には何が入るであろうか？
「ロック」は死んだ。違います。それはSEX PISTOLS、ジョニー・ロットン（※2）の言葉。
「映画」は死んだ。ブーッ。それはジャン＝リュック・ゴダール（※3）の言葉。
「談志」は死んだ。×。それはただの回文です。
正解は、そう

「神」は死んだ。

その教えを人々に語るべく、ツァラトゥストラは山を降りたのである。

2

「神」は死んだの意味

というわけで、ニーチェといえば「神は死んだ（※4）」である。それは「グラッチェといえばケーシー高峰」「キビシーといえば財津一郎」と同じくらい、一般常識化しているともいえよう（え？ 誰も知らない？）。

では、その意味はご存知であろうか。

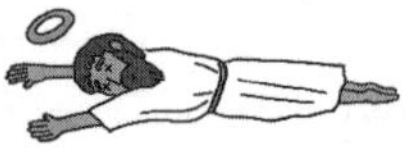

実はその

「神は死んだ」

の神とは、キリスト教の神様のこと。ニーチェの生きた19世紀のヨーロッパでは、人々の道徳の基本となっていたのは、キリスト教の教えだったのである。

しかしそんなキリスト教に対し、ニーチェはこう考えた。

「弱者のルサンチマン（※5）が生み出した幻想に過ぎない」

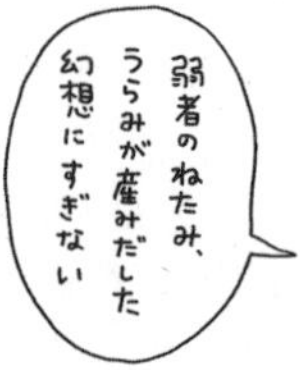
弱者のねたみ、
うらみが産みだした
幻想にすぎない

さて、さっぱり意味のわからないこの言葉。しかし、これをいとも簡単に読み解く鍵があったのだ。その鍵とは、女性がとても感心のあるダイエット。例えばこうである。

結婚して下さい
いや ぼくと
やせれば きっと……

あるときA子さんは「ダイエットしなきゃ！」と思った。

人間は誰でも、今の自分よりもよくなりたい、よりパワーアップして価値を高めたいという意志をもっている。

これがニーチェのいう「力への意志（※6）」。この場合はダイエットしてやせたいという意志である。だが、現実的にはパワーアップする際に挫折する場合が多い。するとどうなるであろうか？

A子さんは思った。「ダイエットはつらいなぁ、やりたくないなぁ。やらなくても自分が傷つかずにすむような逃げ道はないかなぁ…… あぁ！ あった！……フン！ スタイルがなんだっていうの？ 人は外見ではなく中身が大切よ。体でなく心よ！ 神様だってそういうわ。だからダイエットなんて必要ないの〜、べ〜、ブルンブルン！」

と、現実の世界では自分は負け組。でも心の世界では勝ち組。これがニーチェのいうルサンチマンである。つまりダイエットの苦しさに耐えることができず、「肉体よりも精神が大切だ」と価値をねじ曲げてしまうことなのである。

そして、さらにA子さんは、ダイエットに励んでいるB子さんに突如として説教を始めた。「そんな外側ばかり気にしてどうすんの。人間は中身が大切よ。♪ボロ着〜ててもぉ〜心は〜フェンディ〜♪」

そう、これがニーチェのいう

「道徳」

なのである。

この道徳とは、時として強力な武器になる。その根拠は神様であり、神こそは究極の価値。確かに神様だったら「ダイエットより勉強しなさい」といいそうである。

しかも、このダイエット挫折の背景とキリスト教が生まれた背景はちょっと似ているのである。

キリスト教が誕生する土壌となったのは、ローマ帝国により支配された人々の社会。そんな彼らの生活はつらく苦しい。彼らは、今は不幸でも、いつか神の国で救われるんだという願いから神を信じたのだ。つまりニーチェの説によれば、抑圧された「力への意志」が、神をねつ造してしまったと考えられるのである。ということは、神はあるのではなく、あったほうが都合良かったということ。もしかして、神は最初からなかったの？

というわけで

「神は死んだ」

……。そう、これは「神はとっくにお亡くなりになっていたのだ」というニュアンスに近い。神とは言い換えれば人間にとっての最高の価値。つまり、本当のことが最初にあったのではなく、これが本当のことだと世界を解釈する人間の方こそが先にあったのである。だからこそ「神はとっくに死んでいた」ということが暴露されてしまったというのだ。そしてこのように、最高の価値がないこと、言い換えれば「何のために?」に対する答えが欠けていること。これをニーチェはニヒリズム(※7)と表現したのである。

みなさんは、お寿司屋さんに行ったとき、どうして2貫ずつ出てくるのかを疑問に感じたことはありませんか? しかし、その理由を探ってみると、

その1. 昔、寿司は1貫何円何銭という半端な値段だったので、2貫ずつの方が計算が楽。
その2. 2貫ずつだと食べるネタも少ないため、やっぱり計算が楽。

そう。すべてはお寿司屋さんの都合だったのです。

この理由を知った今、こう思うのではないでしょうか。「寿司は2貫ずつ食べるもの」という考えにしばられていた自分が、なんと愚かであったかと。そして、こういいたくなるはずです。「私は私の『力への意志』で、もう一度解釈し直す。さぁ1貫ずつ握りたまえ」と。

3

声に出して読みたいツァラトゥストラ

ここで、突然ではあるが、「声に出して読みたいツァラトゥストラ」ベスト3を独自に発表してみよう。

「声に出して読みたいツァラトゥストラ」第3位！

私は君たちに精神の三つの変化を告げよう。
すなわち、精神がラクダになり、
ラクダが獅子になり、
最後に獅子が小児になるありさまを告げよう。

これはニーチェ流の精神の進歩を三段階を示したもの。砂漠は「神の死」＝ニヒリズムの世界を表現している。ラクダは重荷に耐えつつ古い思想でがんばってる状態。しかし、ラクダは獅子へと変容し、もっと自由な思想。「汝なすべし！」と叫ぶ。

だが、ニーチェによれば、まだまだ甘い。最後は、小児になってすべての人生を「然り！」と肯定することが理想なのだ。ありのままに世界を受け入れ、ひねくれることなく生きること。

続いて、「声に出して読みたいツァラトゥストラ」第2位!

まことに、私は君たちにいおう
変わることのない善悪——
そんなものは存在しないのだ!

ニーチェはいう。この世界に絶対に正しいことなどあり得ない。あるのは、正しいと信じたい

「力への意志」

があるだけなのだ。

「力への意志」

が互いにぶつかり合って、生き残った解釈を、人は正しいことといっていただけなのである。今までの哲学も、トーナメントで勝ち残ってきた哲学が正しいといわれていただけ。本当に正しいものがあったのではなく、正しいと信じたい人間がいただけだった。

とすれば、善も悪も人間のご都合的な解釈だったということにある。でも「だったら悪いこともオッケイ!」という意味ではないので、ご注意を。

そして、「声に出して読みたいツァラトゥストラ」堂々の第1位は!

見よ! 私は君たちに超人を教える。
超人は大地の意味である。
君たちの意志をしていわしめよ。
超人が大地の意味であれ! と。

超人

とは、あらゆる苦しみに対してYes!と答えられる人間。「本当は、オレもてたのに。まわりのヤツらに見る目がなくてなぁ」などと、ありもしない「本当」を持ち出していいわけをしたりしない人間。現実を超えた世界に真実があるとか、この苦しみが終わったらいいことがあるとか考えず、現実をみつめて苦しみをすべて受け入れる人間。そう「大地」とは現実の世界のこと。世界が無意味なら、自分の力で意味をつくる！ そんな人間が、新しい神＝超人なのである。

ねーねー 永遠回帰って知ってる？

4 永遠回帰という思想

　だが、現実を肯定して生きるといわれても、関西風のうどんを頼んだつもりが、関東風のうどんが出てきてしまったり、1000円カットの店で前髪を予想以上に切られて、博多人形のような頭にされてしまったり、人生いろいろとつらいことは多いのである。

　ダイエットの最中。いつかこの苦しいダイエットも終わる。終わるんだぁ……と、確かにそうなのかもしれない。だが、本当にダイエットはゴールをもった直線なのだろうか。もしかしたら、グルグルと同じところを回っているのではないだろうか。ダイエット→リバウンド→ダイエット→リバウンド……。

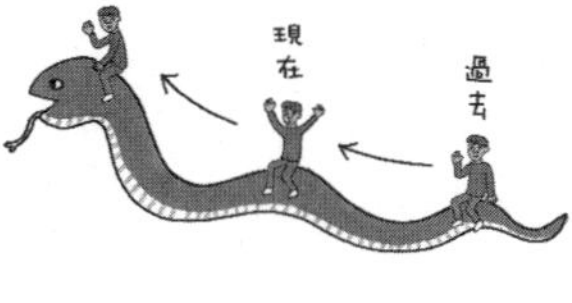

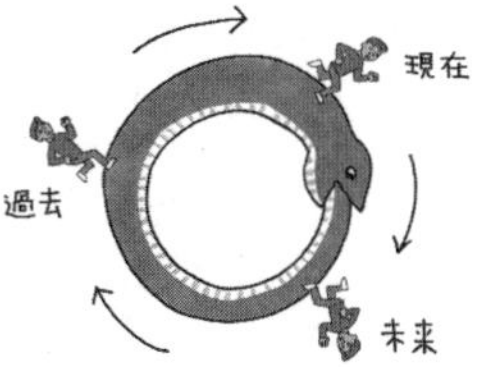

そして人生もまさにこれと同じ。神が死んでしまったゴールのない世界では、無意味な出来事が永遠に繰り返される。これが、永遠回帰（※8）という思想である。

では、ダイエットの最中に、あなたの考えるべきことはなんだろうか。「ああ、はやくこの苦しみから逃れたい。今は、苦しいけど、あとちょっとだ……」。

これは「ツァラトゥストラかく語りき」を知らなかったさっきまでのあなた。しかし、今や高らかにこう叫ぼう。

「これがダイエットか！ ならばもう一度！」

そう、あなたは、ダイエットが終わったら焼き肉を食いまくるぞ～！ などと考えてはいけない。ダイエットの苦しみに向かい合い「もっと空腹を！ もっと空腹を！」と現実を受け入れつつ、理想の体型を維持するという不断の努力を続けなければならないのだ。苦痛の分だけ、あなたは力強く生きていることを実感できるのである。つまり、ダイエットそのものを愛するということだ。

このように、人生を苦しみ込みで肯定すること。ニーチェはこれを

運命愛

と呼んだ。

人生の醍醐味。それは永遠に止まらない
苦しみを乗り越えて新しい価値を生み出すこと。
今の自分を乗り越えること。

喜びも苦しみも受け入れて愛する。そうすれば、あなたのダイエットも必ずや成功することだろう。

「どんな苦しみも永遠に受け入れるぞ！」そんな風に自らの運命を愛することができる存在をニーチェは超人と呼びました。とはいえ、人間とは弱いもの。永遠回帰を受け入れるのは、なかなか難しいのものです。

え？　あなたも超人になりたいって？　おっと、変身したときにズボンがズタズタに破れないように、大きめのサイズを買いに急ごうとしたあなた。ちょっと待ってください。何を隠そう、今生きている私たちは超人になることはできないのです。

つまり超人とは神に変わる存在。人間が神になるということ。だから、私たちは、人間そのものに最高の価値があると信じられる時代がくることを近未来に期待しつつ、がんばって今を生きなければならない。

ニーチェはこのようにいいたかったのです。

「人間とは動物と超人のあいだに張り渡された1本の綱である」

今日から、あなたも自分の苦しみを愛しつつ生きてみませんか？

注釈コーナー

※1　女優の柴咲コウと歌手のRUI
女優の柴咲コウと歌手のRUIは同一人物であるが、正確にはちょっと違う。それは2003年公開の映画『黄泉がえり』の中で、カリスマ・ヴォーカリストRUIを女優の柴咲コウが自ら演じ、しかも劇中のRUIとしてリリースした映画の主題歌「月のしずく」が、オリコン・チャートで1位を獲得。つまり自らが出演する映画作品の役名で歌手デビューをしたのである。
しかしこのような例は過去にいくつかある。例えば、河合美智子の「オーロラ輝子」、菅野美穂の「蓮井朱夏」、長瀬智也(TOKIO)の「桜庭裕一郎」などがそうである。
ニーチェとツァラトゥストラもこのような関係といえよう。

※2　ジョニー・ロットン
(Johnny Rotten 1956〜)
70年代巻き起こったロンドンのパンク・ムーヴメント。その中心的存在がジョニー・ロットン率いるセックス・ピストルズであった。1976年10月、シングル「アナーキー・イン・ザ・UK」でデビューするが、発売と同時に放送禁止。77年2月にベーシストのシド・ヴィシャスが加わり、さらに社会問題をまき散らす中、77年10月にアルバム「勝手にしやがれ!」を発表、全英No.1となる。そしてこのゴールド・ディスクを獲得したデビュー・アルバムをひっさげ、アメリカ・ツアーを敢行するが、ツアーが終了した翌日、ジョニー・ロットンは「ロックは死んだ!」という言葉を残してバンドを脱退。セックス・ピストルズはあっけなく解散してしまったのである。
ちなみに、その後ピストルズを去ったジョニー・ロットンは、名前をジョン・ライドンと改め、P.I.Lとして活動をスタートさせている。なお1996年にセックス・ピストルズは再結成も果たした。

※3　ジャン=リュック・ゴダール
(Jean-Luc Godard 1930〜)
1959年に「勝手にしやがれ」で“ヌーベルバーグ”の旗手として躍り出て以来、常に斬新で革新的な映画を作り続ける映画監督。なお1983年に「カルメンという名の女」でベネチア国際映画祭金獅子賞を受賞するが、この映画祭で「映画は死んだ」というセンセーショナルな発言をしている。代表作に「気狂いピエロ」「軽蔑」など多数。

※4　神は死んだ
これは、西洋の歴史を支えていたキリスト教的価値の崩壊を意味するが、それはすなわち、人間の最高の価値の消滅でもある。つまり神の死は、この世界に意味がないこと、すなわちニヒリズムという現実を人間に対面させるのである。

※5　ルサンチマン
怨恨・逆恨みのこと。ニーチェのいう「力への意志」には二つの方向がある。一つは自己を拡大していく方向。そしてもう一つは挫折した場合に逆恨みして、現実の価値を逆転して

強者を批判し、ねつ造した背後世界（神、イデア）などで自分を正当化する方向である。ニーチェは、自分の負けを認めて逆恨みせず、現実を肯定して生きろと説いたのだ。

※6　力への意志

理性によって意識的にコントロールすることができない本質的な原理のこと。それは、より自分を高めたいという熾烈なエネルギーであり、時に、自分自身を没落させ、犠牲となっても新たな価値をつくろうとさえする力でもある。

※7　ニヒリズム

ニーチェによれば、プラトン主義もキリスト教も、最初からありもしないものを前提に成り立っていたため、それは無を土台にしていたことということになる。神の死の宣告によってニヒリズムが明らかになったとき、人間は究極の基盤を失い路頭に迷う。それが現代だというのだ。

※8　永遠回帰

世界はビリヤードの玉みたいなもので、出現するパターンが決まっている。だから、無限の時間の中では、同じことが無限に繰り返される。極端な話、宇宙が生成して、銀河系が生まれ、地球の歴史が始まり、いつか滅んだとしても、また同じ銀河系が生まれ、今と全く同じ地球の歴史が始まる……。

したがって、宇宙は永劫に繰り返す円環運動であり、人間の生も同様に、歓喜と苦悩をのせたまま永遠に回帰して止まらない。したがってこれは来世も彼岸もあるわけではなく、瞬間瞬間の充実にこそ意味があるという考えのこと。

蘊蓄コーナー

映画「2001年宇宙の旅」、最近ではボブ・サップが入場時に使用していることでも有名な交響曲「ツァラトゥストラはかく語りき」。ニーチェの本と同じタイトルのこの曲は、著作に触発され、後にR・シュトラウスが作曲したものである。

ニーチェの父親は牧師（プロテスタント）だった。ニーチェは幼いころから、キリスト教に精通しており、「小さな牧師さん」と呼ばれていた。

「ツァラトゥストラはかく語りき」第4部は、ニーチェ自身による自費出版で40部だけ印刷され、実際にはごく親しい友人に合計7部だけ配られたという。

1889年1月3日、ニーチェはイタリアのトリノの路上で倒れ、意識を回復した時には発狂していた。この日から7日までの間、友人らに“ディオニュソス――十字架にかけられし者”と署名した狂気の手紙を送ったという。後に母の家に引き取られ、健康もすぐれぬまま体力も衰え、現実世界からますます遠ざかっていった。そして1900年8月25日、この世を去ったという悲しい最期であった。

孫武

中国、諸子百科の兵家の思想家。孫武(敬称は孫子)は春秋時代末の斉の人で、呉の将軍となって西の楚を破り、北の斉・晋を威圧して覇業を助けた。彼の著したとされる13編は、計、作戦、謀攻、形、勢、虚実、軍事、九変、行軍、地形、九地、火攻、用間の各論からなる。その思想は、軍事的戦略のみにとどまらず、現代でも人生の指針としてその価値を失っていない。

03

第3冊
コンビニ業界で読み解く孫子の「兵法」

Sun Tzu

（生没年不詳）

戦乱の古代中国、武将として生き抜くための必勝法を記した「兵法」という名の1冊の本があった。と、説明したところで「日本は平和だし～、わたし武将じゃないし～」なんていう答えが返ってくるのは百も承知しております。そこで今回は「兵法」の視点で世の中を見回せばサクセスの秘訣が見えてくるという、いわば「兵法」の応用編。例えば、我々の生活に欠かせないコンビニエンスストア。もし孫子が生きていれば、コンビニ業界をこんなふうに読み解いたかも?

孫子（※1）の「兵法」。これは、戦争に負けないための戦略戦術が記された書。しかも現存する兵法書では世界最古。それが現在では、企業経営などでビジネス書として、愛読され続けているというのです。

そんな身近な指南書、孫子の「兵法」を、当然もうあなたはお読みのことと……。え? まだ読んでない? それは失礼。

でも、もしまだなのなら、それは喩えていうなら「ペヤングソースやきそば」を食べるとき、お湯を入れる前にソースを入れてしまい、泣く泣く味のないやきそばを食べるのと同じくらい悲劇的なこと。

さあ、私とともにおそれず出陣しましょう。

1

この本を読めば天下が取れる!?

「兵法」。それは今からおよそ2500年前、古代中国の孫武によって書かれた、戦争に負けないための戦略戦術論である。そしてこの本を手にしたものは、次々と時の成功者になるという、まさに魔法のバイブルなのだ。

例えば、世界史上最も有名な将軍であるナポレオン（※2）。フランス革命で大活躍し、皇帝にまで登りつめた彼も、この本をひもといていたという。そんなナポレ

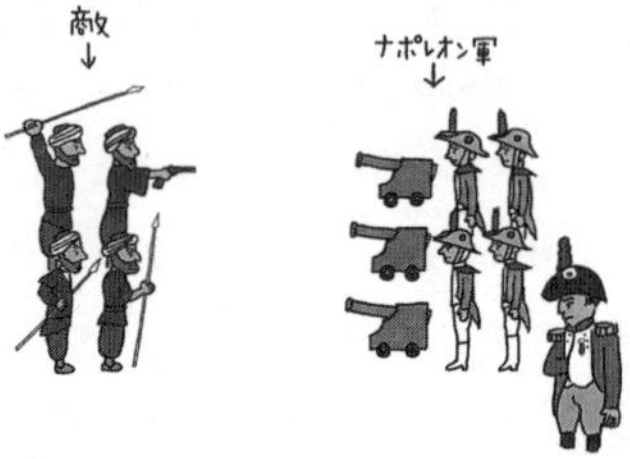

オンの戦い方は、まず敵軍の一箇所を徹底的に攻撃し、相手が混乱しバラバラになったところを、全員でかたっぱしから倒していくというもの。

これはまさに孫子の「兵法」の

「十をもって一を攻める」

という戦術。これによりヨーロッパのほとんどを支配していったのである。

そして、甲斐の国を治めた名将、武田信玄(※3)もまた愛読者のひとりであった。この武田軍の軍旗「風林火山」、これは「兵法」の一説、

「其《そ》の疾《はや》きこと風の如《ごと》く
其の徐《しず》かなること林の如く
侵掠《しんりゃく》すること火の如く
動かざること山の如く」

から引用。

そして、信玄軍の赤い鎧兜にも秘密があった。それは敵を圧倒し、戦意損失を誘うというもの。これは孫子の「兵法」の

「戦わずして勝つ(※4)」

を用いたテクニックなのである。

さらに江戸幕府の初代将軍、徳川家康(※5)も愛読者である。彼が関ヶ原の戦いでとった作戦は、まさに「兵法」そのもの。家康は戦う前に、敵対する西軍の有能な武将たちに甘い言葉で誘惑する、寝返り工作をしかけたのであった。

これこそ、

「先ず勝ちて而《しか》る後に戦いを求める」

つまり、勝利する体制をしっかり整え、それから戦いに望むという戦略テクニックなのである。

このようにナポレオン、武田信玄、徳川家康など、誰しも一度は耳にしたことがある、そうそうたるメンバーが、この孫子の「兵法」を読んでいた。ということは、この本を読んだ者は、天下を取れる可能性があるともいえるのです。

ちなみに武田信玄の本拠地、山梨県にあるJリーグチーム「ヴァンフォーレ甲府」。このチーム名の由来は「風林火山」。ヴァンとは風、フォーレとは林をあらわすフランス語。こんなところにも孫子の影響がうかがえます。

そしてさらに、私は発見しました。現代のいろいろな戦いの中にも孫子の「兵法」があることを……。

2

現代における兵法の実践例

例えば、ボクシング、元ジュニアミドル級チャンピオン輪島功一(※6)。

輪島は背が低い上にリーチも短いという、致命的なハンディーを背負ったボクサーであった。そこであみ出したのが「カエル飛びパンチ」。一度しゃがみ込んで、飛び上がりざまにストレートを繰り出すという、奇襲攻撃である。他にも記者会見にマスク姿であらわれ、風邪で体調は最悪と敵の油断を誘うダマし作戦も実行。

これも「兵法」の

「兵は詭道《きどう》なり(※7)」

にばっちり当てはまる。すなわち「敵の意表をつけ」という兵法を巧みに利用した、高等テクニックなのである。

そして伝説のアクションスター、ブルース・リーの映画『燃えよドラゴン』(※8)の中にも孫子の「兵法」が登場する。ある日ケンカを売られたドラゴンが、それなら小舟の上で決闘しようと提案する。敵は意気揚々と小舟に乗り込んでゆく、が、しかし、なんとあの無敵のドラゴンが、せっせと小舟に繋がれたロープをゆるめはじめるのである。すると、敵の乗った小舟はどんどんと沖に流されていくのだ。そしてドラゴンはこんなことを口にする。「戦わずして勝つ芸術さ」と。

これは武力ではなく、頭脳で勝利せよという教え。

「戦わずして勝つ」

に通じるセリフだといえるだろう。

3

日常生活の兵法

「敵の意表をつけ」。このように孫子の「兵法」とは、戦いにおいては何でもありという名言が羅列されている、とてもずる～いHow to本なのである。しかし、実はこのずる～い孫子の教えを日常生活の中で、誰もが皆、無意識に実践しているのである。いってみれば現代社会はまさに毎日が戦いの日々。そんな渾沌とした現代に生きるあなたも、実は孫子の「兵法」の使い手でもあるのだ。

そこで、まずは思い出していただきたい。学生時代の自分を――。

それなりに試験勉強をしているにもかかわらず「やばい。全然勉強していない」と、まわりにいいふらす、まさにこんな言動。これは「兵法」の

「卑《ひく》うしてこれを驕らす」

なのである。すなわち、自分を卑下しておいて相手の油断を誘うという「兵法」の実践に他ならない。

そして思い出していただきたい。合コンでの自分を――。

最初にねらった女の子への競争率が高く、自分にとっては高嶺の花と気づいた時、ターゲットを第2志望、第3志望へと修正したことはないであろうか。この行動こそ、

「若《し》かざれば則《すなわ》ち能《よ》くこれを避ける」

であるといえよう。つまり、勝算がなければ戦わないという「兵法」そのものなのである。

さらに思い出していただきたい。彼の携帯を気にした自分を――。

あなたは彼が浮気をしていないか、発信履歴やメールをこっそり内緒でチェックしたことはないだろうか? こんなあなたの行動こそ、

「人に勝ち、成功、衆に出づる所以《ゆえん》のものは、先知《せんち》なり」

なのである。これは要約すると、勝つためには何よりも情報を探ることが大切という「兵法」に裏打ちされるのである。

このように、現代においても孫子の「兵法」は、世のあらゆる人々に実践されている、不滅のバイブルといえるだろう。

ここまでで、もう充分、孫子の「兵法」を理解できたのではないでしょうか。え? まだダメ? じゃあ、仕方ありません。今度は、コンビニを例に説明させてもらいましょう。

マンガ「サザエさん」に登場する三河屋さん。この三河屋さんのモデルになったお店も、今ではセブン-イレブンの加盟店。実はこんな身近なコンビニ業界が孫子の「兵法」そのものだったのです。

4

兵法とコンビニ業界

今や我々の生活サイクルに欠かせないコンビニ。実はこのコンビニ業界こそ孫子の戦略戦術を実践したとっておきの見本なのである。

例えば2002年12月、銀座に出店した「ローソン銀座コリドー店」(※9)。女性をターゲットにしたこの店舗は、あのイタリアの有名なコーヒーメーカー「イリー」の豆を使ったコーヒーが楽しめるという、まさにカフェ感覚のコンビニ。これは銀座という土地柄や客層を意識した結果であり、化粧品の品揃えはもちろん、銀座のニーズに応えた商品を充実させていることがわかる。これこそ孫子の「兵法」の

「彼を知り己を知れば百戦して殆《あや》うからず」

である。つまり相手を知りつくせば、絶対に負けることはないという戦術。出店する周辺環境や消費者の好みを徹底的にリサーチした結果の、当然の成功であるといえよう。

そしてさらには1996年にam/pmが仕掛けた商品宅配サービス「デリス便」。この「デリス便」は当初、デパートやスーパーに足を運ぶことが困難なお年寄りたちをターゲットにした企画で始まった。しかし、いざ蓋を開けてみると、20代から30代の子持ちの主婦や、ビジネス街のOLなどからの注文が殺到。そこで、am/pmは、若い世代をターゲットに加え、2001年9月にインターネットデリバリーサービス「サイバーデリス便」(※10)にリニューアル。千代田区や中央区、新宿区や渋谷区な

どを含め、都心7区にエリアを拡大し、急成長を遂げた。そんな「デリス便」、これはまさに「兵法」の

「兵の形は水に象《かたど》る(※11)」

にあてはまる。戦いに勝つためには、容器によって自在に形を変える水のように、柔軟に作戦を変化させなければならないという戦略テクニックなのである。

さらにコンビニでは、普段なにげなく利用しているものの、実はとても多様で、便利なサービスが展開されている。それは例えば、公共料金の支払いであったり、ATMであったり、コピー機の設置や、宅配便の受け付け、チケットの受け取りなど……。買い物以外の部分でも、実のところ足を運んでいるのである。これこそ、まさに「兵法」の

「利を以って動かし卒を以って待つ」

であるといえよう。これは相手の利益と思われるものでおびき寄せ、待ち伏せを仕掛けよという戦術。これは、便利なサービスで客を集め、ついでに他の商品も買ってもらうと解釈すれば「兵法」そのものともいえるのである。

5

孫子が読み継がれてきた理由

そんな孫子の「兵法」を書いた人物、孫武。しかし彼は謎に包まれた男で、わかっているのは、ギリシアではソクラテスがコツコツと勉学に励み、インドでは釈迦が悟りを開くためビシビシと男を磨き、日本では縄文土器がさかんに作られていたというたいへん古い時代に、中国で「兵法」を書いていた、ということくらいしか記述に残っていないのである。

2500年前の中国は、大小様々の国が戦いにあけくれる戦国時代であった。そこで登場したのが「兵家」と呼ばれる戦争の戦略プロフェッショナルたち。孫武もこのような兵家のひとりといわれていた。しかし、当時の兵家の戦術は、自分とライバルの1対1だけを考えた真っ向勝負が基本。いわばタイマン勝負である。ところがこれでは、いくら目の前の敵は倒せても、戦い直後、兵力が弱まった時に狙われれば一貫の終わり。そこで、孫武は多数のライバルと戦う戦術を考え

だしたのである。

そこで孫武がもっとも重要視したのは、いかに敵の目を欺くかということ。そして敵の裏をかくことや、だまし討ちなどを意識した戦術を数多く実践し、次々と勝利を勝ち取っていったのである。そんな孫武が実践をもとに綴ったこの本は、敵が複数いる場合にも対応できる、優れた戦略書の元祖。そんな理由からも政治やスポーツ、そして恋愛まで、様々な分野で活躍できる書物として現代でも愛読され続けているのである。

そんな孫子の「兵法」、実は字数にしてなんと約6000字。400字詰め原稿用紙で、わずか15枚。実は、お厚くないのです。その中で孫武が繰り返し述べているのは「兵は詭道なり」。すなわち「敵の意表をつけ」ということなのです。しかし、この「兵は詭道なり」はこうも解釈することもできます。

「新しいことに挑戦し、人々を驚かせ感動させよ」と。

この本が戦争戦略術としてのみで書かれたのかどうかは、孫武ただひとりだけが知るのみなのかもしれません……。

注釈コーナー

※1　孫子

孫子の“子”とは、先生の意味。また兵法書そのものもこう呼ばれる。

※2　ナポレオン

(Napoléon Bonaparte 1769〜1821)

フランス第一帝政の皇帝ナポレオン1世(在位1804〜1814、15)。1799年のクーデターで総裁政府を倒し、執政政府を樹立。自ら第一執政に就任し、ナポレオン法典を編纂。フランス革命の成果を引き継ぎ行政改革、法政改革をおこない近代フランスの基礎を確立した。広くヨーロッパに軍を進め、ヨーロッパ大陸の大半を手中に収め、ナポレオン帝国を築いた。有名な言葉に「我輩の辞書に不可能の文字はない」がある。

※3　武田信玄

(たけだ しんげん 1521〜1573)

戦国期の武将。甲斐国の守護大名。父・信虎を追放し家督を継ぎ、信濃に勢力を伸ばす。さらに北信濃に進出し上杉謙信と川中島での激戦を展開。1572年、三方原の戦で家康・信長連合軍を打ち破る。その後三河へ侵攻するが、翌73年甲府へ帰陣の途中、陣中で病死した。戦術家としてだけではなく、金山開発や治水工事なども積極的に進め、政治家としても一流の人物であったといわれている。

※4　戦わずして勝つ

百戦百勝は善の善なる者に非ず。戦わずして人の兵を屈するは善の善なる者なり(「孫子」謀攻篇)。【訳】百戦連勝は最上とはいえない。戦わずに敵を屈服させるのが最前の道である。これは、戦うことによって自分も必ずや傷つく。戦争では、全軍を無傷のまま保つのが得策であり、自軍に損失を与えるのは得策とはいえない。故に、孫子は百戦百勝は最上とはいえないと説いたのである。

※5　徳川家康

(とくがわ いえやす 1542〜1616)

江戸幕府の初代将軍(在職1603〜05)。幼い頃を織田信秀、今川義元の人質として過ごした。義元の死後、豊臣秀吉とともに織田信長と同盟し、徳川と改姓。1590年、小田原北条氏を攻めたあと、関東に転封。秀吉死後は名実ともに天下の覇者となる。1600年、関ヶ原の戦いに勝利し、1603年征夷大将軍に就任、江戸幕府を開設した。

※6　輪島功一

(わじま こういち 1943〜)

元プロボクサーであり、元WBA・WBC世界ジュニアミドル級王者。プロデビューから3年後の、1971年世界タイトル初挑戦で王座獲得。「かえる跳び」で一躍有名となり、「炎の男」の異名を持つ。現在は東京・西荻窪の「輪島功一スポーツジム」の運営、だんご店「だんごの輪島」の経営、タレントとして活動している。

※7　兵は詭道なり

これに関連する以下のような名言もある。

およそ戦いは、正を以って合い、奇を以って勝つ(「孫子」兵勢篇)。【訳】総じて戦いは正攻法で戦う。そして、戦況の変化に応じた奇策により勝利を収める。
これは、正攻法だけで攻めないで、時には奇策を実行に移してみようということ。孫子によれば奇策を身につけた将軍の戦いぶりは、天地の変化のごとく、また江河の奔流のように尽きることがないとされる。

※8　燃えよドラゴン
ENTER THE DRAGON／1973年／香港＝アメリカ／監督：ロバート・クローズ／出演：ブルース・リー、ジョン・サクソン、ベティ・チュン、ジム・ケリー。秘密諜報員として要塞島に乗りこんでいくブルース・リー。スパイ・サスペンスに加え、カンフーのアクションも最高で、有名な「アチョオォォォォ〜ォオ」という怪鳥音に、見るもの皆が圧倒された。

※9　ローソン銀座コリドー店
ターゲットを「働く28歳の女性」と明確に設定し、店作りをしたコンビニ。よって外装や内装もモダン風にまとめられる他、カフェコーナーではエスプレッソやパニーニを提供。ベーカリーや昼食時間限定の「ふっくらおにぎり」など昼食需要に対応したコーナーの他、女性向け商品が充実していた店舗。現在は営業を終了している。

※10　サイバーデリス便
サイバーデリス便とは、インターネットからコンビニエンスストア「am/pm」の商品を購入し、宅配してもらえるサービスのこと。2001年にスタートしたが、2009年をもってこのサービスは終了した。

※11　兵の形は水に象る
夫(そ)れ兵の形は水に象る。水の行は高きを避けて下きに趨く。兵の形は実を避けて虚を撃つ。水は地に因りて流れを制し、兵は敵に因りて勝を制す。(「孫子」虚実篇)
【訳】戦いの法則は実を避けて虚を撃つことだ。水は地形により流れの方向を変える。戦いも敵情の変化に順応できれば勝利をものにすることができる。

蘊蓄コーナー

かつての中国には、諸子百家と呼ばれる思想家群がいた。例えば儒家の孔子・孟子・荀子、法家の韓非子、道家の老子・荘子などがそうである。孫子はその中の一学派、「兵家」という位置付け。ここからもわかるように「兵法」は戦略・戦術について総合的に書かれた兵法書であるものの、道家的な深い思想性も併せ持っている。

実は中国には、古来より多くの兵法書が残されている。中でも、孫子、呉子、六韜、三略、尉繚子、司馬法、李衛公問対は七大兵書といわれているが、その中でもやはり孫子の「兵法」は特別である。

孫子の「兵法」全十三篇は、始計、作戦、謀攻、軍形、兵勢、虚実、軍争、九変、行軍、地形、九地、火攻、用間(スパイ)からなる。

ブレーズ・パスカル

フランスの思想家、数学者、物理学者。神童で、16歳の時に円錐曲線論の本を著す。また簡単な計算器の作製、トリチェリの真空についての実験などもおこなった。1655年に科学研究を放棄するまで、微積分学と流体力学に貢献し、パスカルの原理を明らかにした。その後、彼は宗教的、哲学的著作に専心。代表作に「パンセ」(1670)がある。

04

第4冊
エンターテインメントで読み解く パスカルの「パンセ」

Blaise Pascal

1623-1662

例えば「『○○は□□である』の○○と□□を埋めよ」の問いに、何も考えず反射的に「我輩は猫である」と答えてしまう、そんなあなたに贈る今回のテーマ本「パンセ」。「人間は考える葦である」という有名な言葉が収められている本書は、科学者としてもその名を残す17世紀フランスの哲学者パスカルの遺稿集である。そんなパスカルの広範な知性を反映した内容のため、ぶ厚い難解本のオーラを強烈に放っているこの本の中から、日常会話に使えるポイントを選んで、わかりやすくご紹介します。

「人間は考える葦である」

「クレオパトラの鼻がもう少し低かったら、
歴史は変わっていただろう」

あなたは、これら、いまだに人々の口にのぼる数々の名言がどこから引用されているのかご存知ですか?

そう、それはパスカルの「パンセ」。このように、この本はまさに殺し文句の宝庫なのです。

私の独自の調査によりますと、小泉元首相が「大義なき力は暴力である」と「パンセ」の一文を引用していることがわかりました。もはや、公のスピーチで「パンセ」の引用は常識となるでしょう。

そんな「パンセ」を読んだことがないあなたは、人生の楽しみをかなり損しています。それはいうなれば、缶のコーンスープに残った、とうもろこしのツブツブを食べようとして、空を見上げながらトントンしているくらいなさけないこと。あなたの人生それでいいのでしょうか? いや、よくな〜い! さあ、勇気を出して、お厚い旅へと出かけましょう。

1

パスカルの「パンセ」とは?

「パンセ」の著者、ブレーズ・パスカル。彼は、今から350年ほど前にフランスに生まれ、数学、科学、哲学、宗教など、あらゆる学問に精通したマルチクリエーターであった。特に有名なのは、中学、高校の科学の教科書に必ず載っているパスカルの原理(※1)。この圧力に関する実験はご存じであろう。他にも身近なものでは、台風などの気圧をあらわす単位パスカル(Pa)(※2)。パスカルのおかげで、お天気お姉さんも石原良純も天気予報で活躍することができたのである。さらにわずか16歳にして、コンピュータの基礎ともいわれる機械式計算機を発明。まさに天才といえよう。

そんな彼の代表作「パンセ」。彼の数々の名言を収録したこの名著はいったいどのようにして生まれたのだろうか?

そもそもパンセとはフランス語で「思想」、または「書き残された文書」という意味である。敬虔なキリスト教徒でもあったパスカルは、キリスト教を信じない人々を神の世界へと導く本を書こうとし、思いついたことをメモに書きつけていた。しかし本を書き上げる前に天に召されてしまう。そこで友人たちが、彼のメモを集め、整理し編集。パスカルの死後8年を経て「パンセ」はついに出版されたのだ。しかしその当時のタイトルが

「死後遺稿の中に発見された宗教及びその他若干の問題についてのパスカル氏の思想(パンセ)」。

さすがに長いということで、やがて「パンセ」と呼ばれるようになった。

ところが書き残した文章の寄せ集めであったにもかかわらず、天才パスカルの人気は高く、当時としては大ベストセラーとなったのである。

お　厚いうえに寄せ集め……。「パンセ」なんか読むのはバカバカしいと思ったあなた。ちょっとお待ちください。偉大な人物の作品は、寄せ集めであっても偉大なのです。

2
偉大なる寄せ集め

このように時代のニーズに応えて寄せ集められた断片。それがファン心理をくすぐって意外と受けてしまう例は、現在でも実は珍しくない。

例えば、若干27歳でこの世を去った天才ギタリスト、ジミ・ヘンドリクス（※3）。1971年の「クライ・オブ・ラブ」以降発表されたアルバムはすべて、彼が生前弾きまくっていた演奏を集めたもの。

そして伝説のアクションスター、ブルース・リーの遺作「死亡遊戯」（※4）。この作品は製作途中で本人が死亡したため、急きょ今まで撮った部分を寄せ集めてできるストーリーに変更。それでも足りない部分はそっくりさんを起用して、完成へとこぎつけた。

しかしそんな中でも「パンセ」は別格。その多才な思想について、ニーチェやサルトルなど多くの哲学者が議論を繰り返した。それは単なる寄せ集めの枠を越えて、まさに思想の幕の内弁当といっても過言ではない。

それでは、そんな「パンセ」に記された風刺たっぷりの格言をここでいくつか紹介してみることにしよう。

◎まずは、多くの哲学者に衝撃を与えた言葉。

「哲学を馬鹿にすることこそ真の哲学である」

◎また、同時代のライバルであった哲学者デカルト（※5）を、

「無益で不確実なデカルト」

とバッサリと一刀両断。

◎さらに怠け者には耳の痛い名言。

「人間はあらゆる職業に向いている。
向かないのは、部屋の中にじっとしていることだけ」

◎最後に、これら格言をむやみやたらに使う人へ。

「世の中にあらゆる良い格言がある。
人はそれらの適用にあたってしくじるだけである」

このようにパスカルの「パンセ」とは、幕の内弁当のようにパスカルの思想がバラエティ豊かに凝縮されたものだったのです。そんな数ある名言の中で、人々にもっとも知られているのが「人間は考える葦である」。ではその「考える葦」とは、いったい何のことをいっているのか。実は私、発見してしまったんです。華やかな夢を追うエンタテインメントの世界の中に、そんな「考える葦」たちがいることを。

3

人間は考える葦である

パンセの中の一説「人間は考える葦である」。この有名な言葉は、本当は、もう少し長い。実際には

**「人間は一茎の葦に過ぎない。
自然の中で最も弱いものである。
だが、それは考える葦である」**

というのが正解。自然の中でも、もっとも弱いとされる葦（※6）。こんなにも弱い葦を、パスカルは人間に例えた。さらに彼は続ける。

**「宇宙が人間を押しつぶすことは簡単だが、
人間はその思考によって
宇宙を包み込むことができる」**

広大な全宇宙と比べたら、人間は葦のように弱々しい存在である。宇宙が人間を押しつぶすには、なにも武装する必要はない。ひとひねりである。しかし、宇宙が人間を押しつぶしても、人間はなお殺すものより尊いという。なぜなら人間は、自分が死ぬこと、宇宙が自分より勝っていることを知っているが、宇宙はそんなことを何も知らないからだというのだ。人間は、自分自身の弱さを自覚し考えることができる。そこが、人間が宇宙より唯一偉大な点だとパスカルは説いたのである。

こうした謙虚なメッセージは、意外にもあの華やかなエンターテインメントの世界から時折聞こえてくるのである。

例えば、持田香織と伊藤一朗によるユニット「Every Little Thing」(※7)。彼女たちのグループ名には「宇宙から見れば小さな存在である人間や動物などあらゆるものたちへ」という、まさに考える葦と同じメッセージが込められている。

そして映画「仁義なき戦い」など数々の名作を残し、2003年に他界した鬼才、深作欣二監督。彼の隠れた傑作として名高い作品『宇宙からのメッセージ』(※8)には「我々はちっぽけな存在にすぎないが、せめて夢だけは無限でありたい」というまったくパスカル的なメッセージが登場する。

さらには、お笑いコンビ「アリtoキリギリス)」(※9)の石井正則氏。自分の小ささを見つめ、自らをアリに例えながらも、ネタ作りを含めブレーンを担当。宇宙全体とはいわなくとも、アリキリ全体を思考で包み込む彼も、考える葦の立派な一員なのである。その筋では「小さなパスカル」と呼ばれているらしい。

パスカルは神を信じない人に向けて「パンセ」を綴ろうとしました。しかしパスカルは、彼らをどのような方法で説得しようとしたのでしょうか? それがパスカルの賭けといわれる方法です。実は、日常生活の中において、神様の存在を意識していないみなさんたちも、このパスカルの賭けを知らず知らずのうちに、おこなっていることをご存じでしたか?

4

パスカルの賭け

「パンセ」の中の一説にこんな言葉がある。

「神がいることに賭けたまえ」

この言葉をもって、パスカルは何を語ろうとしたのであろうか?

ここでいう神とは、古くから信仰されて当たり前のものであったキリスト教の神のこと。しかし、パスカルが生きたのは、科学と理屈全盛の17世紀。「そんなにいうなら神様がいるってことを証明してくれよ」という疑い深い人が続出した。ところが、そんな彼らの要望に、パスカルは男らしくこう断言した。「神がいることを証明するなんて無理」と。そしてさらにパスカルはこう呼びかけた。「神がいることに賭けたまえ」と。

実はパスカル、勝ち負けの確立を研究するためにルーレットを発明した人でもある。この時の研究を元に、パスカルは、

「勝ったら総取り。負けても損はない」

という究極の賭け方を探し出す。そして、それが神を信じることだとしたのだ。

もし神様がいれば永遠の幸福が手に入る。でももしいなくても損はしないだろう。このように「パンセ」でパスカルが示した、当たればデカいが損はしないという賭

け方は、以降、「パスカルの賭け」と呼ばれるようになった。そして年月がたった今も、私たちは日々知らず知らずのうちに、このパスカルの賭けに踏み切っていることがあるのだ。

例えば、懸賞への応募。当たったら豪華賞品が手に入るにもかかわらず、当たらなくても別に損はしない。日常の些細なパスカルの賭け。ハガキ代が損だという小さな人間は、自分が葦だということをもう一度自覚するべきである。

そしてテストで時間がなくなった際に、とりあえず適当に記号問題を埋めていく時。白紙で出すよりは良い。これも立派なパスカルの賭け（しかし実際に当たっていることは少ないので、ちゃんと勉強するように）。

さらに勝負パンツ。相手に見られれば効果は絶大。しかし、そういうシチュエーションにならなくても、全然なかったこととして済ませられる。これだってまさに負けなしのパスカルの賭けなのだ。

このようにパスカルの説いた「神を信じることこそ一番手堅い賭け」という考え方は、現在の私たちの日常に深く根付いているのである。

どうですか。だんだんパスカルのことがわかってきたでしょう。しかし、私としたことが、「パンセ」を理解するのにもうひとつ大事なことを忘れていました。それはパスカルを神の道へと導いた3つの事件。これを語らずして「パンセ」を語る本の案内人なんて、同じくらい何のためにいるのかわからない。では、パスカルの生涯を振り返りながら、どうして彼が神の道へ進んでいったのかを見ていきましょう。

5

パスカルの生涯

そもそも、とても理論的な人物であり、優れた科学者でもあったパスカル。そんな彼がなぜキリスト教を信じ続けたのか？ 彼を熱い信仰の道へと導いたもの。それは3つの事件だった。

ある日のこと。パスカルは、馬車でセーヌ川にかかる橋を渡っていた。その時、突然馬が暴走。まさに川の中へ落下するギリギリのところで奇跡的に馬車は止まる。そこでパスカルは悟った。これは神が私に命を与えたのだと。

さらにある時、パスカルの姪が重い病にかかり、失明の危機に陥った。医者たちもさじを投げる中、ある修道女がその姪の体に聖なるイバラの冠を触れさせた。すると病は数日で全快。こうしてパスカルは、ますます神を信じるようになったのである。

そして、そんなパスカルの前に、ついに神が姿をあらわす。その体験がいかに強烈だったかは

「歓喜、歓喜、歓喜、歓喜の涙」

という一文にもあらわれている。

こうして、じかに神様に触れてしまった彼は、以降、学問の道を捨て、その生

涯をかけて神を愛し抜くことに決めたのである。それは「パンセ」のこんな一文からもうかがえる。

「私のことを『優れた数学者だ』と人はいうだろう。しかし、私は数学などには用はない」

こうして神に目覚めた彼は、その後は修道院にこもって貧しい人々のためにつくしたという。そしてブレーズ・パスカルは、39歳で永眠。

そんな彼の最後の言葉は

「神が決して私をお見捨てにならないように」

であったという。

さて、パスカルの「パンセ」。いかがでしたでしょうか? まだまだ、紹介しきれない至言にあふれているので、ぜひお厚い本そのものを味わってもらいたいと思います。

ところで、「クレオパトラの鼻がもう少し低かったら、歴史は変わっていただろう」という文章の冒頭は、実はこんな言葉から始まっています。

「恋愛の原因とは自分自身にはよくわからないものである」

ほんと、怖いですね。あなたの恋愛が、大戦争につながらないことをお祈りしつつ、この章を終わることにしましょう。

注釈コーナー

※1　パスカルの原理
密閉した容器の中の静止流体中の一点の圧力を、ある大きさだけ増すと、流体中のすべての点の圧力は同じだけ増すという原理。もちろんパスカルが発見したので、こう名づけられている。

※2　パスカル（Pa）
圧力のSI単位。1パスカルは1平方メートルに1ニュートンの力が働く圧力。なお天気予報などでよく耳にするヘクトパスカル（hPa）はパスカルの100倍に相当する呼称。この値は以前、ミリバール（mb）とも呼ばれていた。

※3　ジミ・ヘンドリクス
（James Marshall "Jimi" Hendrix
1942〜1970）
アメリカ・シアトル出身のギタリスト。1966年、アニマルズのチャス・チャンドラーに見出され9月に渡英し「ザ・ジミ・ヘンドリクス・エクスペリエンス」を結成。1966年12月にシングル「ヘイ・ジョー」でデビュー。1969年8月の「ウッドストック・フェスティヴァル」ではヘッドライナーをつとめ、「星条旗よ永遠なれ」の伝説的なライヴを残した。1970年9月18日、ロンドンのサマルカンド・ホテルで昏睡状態に陥り急死。享年27才であった。

※4　死亡遊戯
GAME OF DEATH／1978年／アメリカ／監督：ロバート・クローズ／出演：ブルース・リー、ギグ・ヤング、ディーン・ジャガー、ヒュー・オブライエン。
巨大な国際シンジケートの帝王ドクター・ランドへの報復のため、悪の居城にたどり着いた主人公ビリー。その塔の各階に待ちかまえる世界各国の武道家たちと闘い、最上階を目指す。一躍スターとなったブルース・リーが急逝したため、代役を使い完成した作品として大きく話題となった作品でもある。

※5　デカルト
（René Descartes 1596〜1650）
17世紀フランスの哲学者、数学者。近代哲学の父。合理論哲学を展開した。方法的懐疑により「われ思う、ゆえにわれあり」という哲学の第一原理から、諸学問への演繹的体系の構築を試みた。ところで、パスカルは、デカルトの合理論を認めてはいたものの、その「幾何学的な精神」だけでは足りないと考え、「繊細な精神」こそ人間にとって大切なのだと、デカルトの傲慢な理性に異議をとなえた。ようするに「理屈ばっかで心がないよ、心が！」というようなこと。

※6　葦
イネ科の多年草。秋にはススキに似た大きな穂を出す。すぐに折れてしまう茎のもろい植物として、パスカルは自然界で最も弱いものの象徴としている。

※7　Every Little Thing
持田香織（ボーカル）、伊藤一朗（ギター）による2人組ユニット。1996年8月、シングル「Feel My Heart」でデビュー。3rdシングル「Dear My Friend」が大ヒットし、以降トップアーテ

ィストとしての地位を確立した。通称ELTとも呼ばれる。

※8　宇宙からのメッセージ
1978年／監督：深作欣二／原案：石森章太郎、野田昌宏、深作欣二、松田寛夫／出演：志穂美悦子、真田広之、千葉真一、成田三樹夫、ビック・モローほか。
ガバナス人の侵略を受けた惑星ジルーシア。惑星を救うため、長老の孫娘エメラリーダが、地球から8人の勇者を連れて戻ってきた。当時大ヒットしていた「スター・ウォーズ」を意識した和製SF大作ともいわれ、今なおカルト的人気を誇る作品。

※9　アリtoキリギリス
1994年8月コンビ結成。9月「ホリプロお笑いLIVE」でデビュー。メンバーは石井正則と石塚義之の2人。なお「お厚いのがお好き?」番組本編で、毎回女性にふられる役を演じていたのが石井。テレビドラマ「古畑任三郎」の西園寺刑事役など、俳優としても活躍している。

蘊蓄コーナー

パスカルは12歳でユークリッド幾何学の定理32までを独力で考え出す。しかも16歳の時には「円錐曲線試論」(パスカルの定理)を公刊。天才ぶりはこのように幼少の頃より発揮された。

また、パスカルは19歳の時に徴税官の父の仕事の手伝いのため、計算器を考案、試作をしている。その仕組みは回転する歯車の組合せにより、加算と減算を機械的におこなうというもの。ちなみにパスカルの製作した7台の計算機が現存している。

実は哲学者は哲学を、自然科学者は自然科学をというように、専門の分野が分かれるようになったのは19世紀になってからのこと。アリストテレスなどが活躍した古代には、哲学こそが学問であり、そこから数学や自然化学などの範囲の決まった学問が派生してきたのである。

このようにパスカルの哲学と流体力学の発見のような専門分野を超えた例は、デカルトの光学の論考や、カントの天文学の論文などからもうかがえる。

現在のルーレットのレイアウト、これはパスカルが考案したとされており、19世紀初頭に現在の形になったといわれている。

ギャンブルと数学。中でも確率論は、パスカルとその友人のシュバリエ・ド・メレの間の以下のような議論に始まるといわれている。「ある2人が賭けをしていた。その賭けは最終的に勝った方がすべての賭け金をもらえるギャンブルである。でも、このゲームを途中でやめたとき、中間結果を見て賭け金をどのように配分すればよいのだろう?」パスカルはこの問題に対する解法を与えるために、確率と期待値の概念を導入したという。

ジャン＝ポール・サルトル

フランスの哲学者、作家。フランスで初めて現象学を用いる哲学を確立。自ら無神論的実存主義の立場をとる。「嘔吐」(1938)で一躍有名になるが、第2次世界大戦勃発により動員され、捕虜となり独軍収容所に入れられる。脱走後、占領下のパリで戯曲の他、大作の論文「存在と無」(1943)を執筆。大戦後も精力的な執筆活動を続ける一方、社会的、政治的問題にも積極的な発言をおこない、社会参加(アンガージュマン)を唱えた。他の著作に「聖ジュネ」(1952)、「弁証法的理性批判I」(1960)などがある。

05

第5冊

女子アナで読み解く サルトルの「存在と無」

Jean-Paul Sartre

1905-1980

フランスの哲学者・サルトル。彼の書物に馴じみなくとも、人物名ぐらいは誰もが知っているだろう。1940年代から60年代にかけて、その思想はもちろん、小説や戯曲などの執筆活動、革新的なライフスタイルやアグレッシブな行動などが世界的な影響力をもっていた。それはまさに、思想界におけるファッションリーダーでもあった!? そんな彼の難解本の代表として名高い「存在と無」を、ここでは女子アナウンサーに喩えて説明しようと試みる。その上、浮気の仕方もわかってしまう(?)からこれはビックリ!

みなさんは、サルトルがいつ頃の時代を生きた人物なのかご存知ですか？ 実は驚くべきことに、きんさん、ぎんさんよりも、なんとひとまわりも年下なのです。とっても身近に感じるではありませんか。そんな彼の代表作が「存在と無」。これはどれくらい厚いかというと、邦訳本の上下巻二冊で、腕のたるみとモモのたるみを同時になくしてしまうダンベル体操ができてしまうほどのボリュームなのです。

しかしこの本、実は心の秘密が明らかにされている人類必読の書でもあったのです。

つまり私からいわせれば、サルトルの「存在と無」を読んでいないということは、いわば、コンビニで雑誌の袋とじを隙間からのぞき込んでも何も見えず、結局、買って帰って家でこっそりはさみを入れた瞬間、「なんじゃこりゃ〜！」とひとりでおもいっきり失望しているのと同じくらい情けないこと。

でも、ご安心を。この難解な「存在と無」を読み解くには、意外なヒントがあったのです。

1

サルトルの「存在と無」とは？

私って何？ これからどうすればいいの？ 何を目指して生きればいいの？ そんなことを考えはじめた時、人は誰しも不安になる。20世紀、そんな人生における不安を様々なジャンルのクリエイターたちが自分の作品で表現しようとした。

例えばムンク（※1）は、「叫び」という作品に自らの幼少期の絶望感を反映させた。そしてカフカ（260ページ参照）は「変身」という小説に、生きることの不安をちりばめた。さらに島崎俊郎は、アダモちゃん(※2)というキャラクターを演じることにより、不安から逃避した。そう、人は常に、自分の中に芽生える不安を抱えながら生きているのだ。

そして、第二次世界大戦のまっただ中のこと。"私"がどのような存在なのかを明らかにし、生きる指針を与える哲学を説いた人物が現れた。その男こそジャン=ポール・サルトル。彼は若き日にフッサールの現象学に感銘を受け、意識と世界との関わり方について思索を深め、上下巻合わせて2000ページ(人文書院版)におよぶ超大作「存在と無」を完成させたのである。

そんな「存在と無」の内容はというと、これは今風にいえば「私は誰? ここはどこ? あなたは誰?」という疑問に答えたようなもの。まさに、記憶を失った主人公が、だんだんと謎を解いていく映画「メメント」(※3)のようなサスペンス哲学なのである。

そのような内容のため、この本は戦後、虚無感に襲われていた若者たちに熱狂的に支持され、一大ブームを巻き起こすことになった。そう、この本を読めば、

人生はなぜ、かくも不条理なのか?
人はなぜ人生において不安に陥るのか
という謎の答えを知ることができる

のである。つまり、大きな悩みを抱えている人こそ、ぜひとも読むべきなのである。

とはいうものの、実際に読もうとすると、これが非常に難解であることはいうまでもありません。そこで、私は発見してしまったのです。サルトルの「存在と無」を、いとも簡単に読み解いてしまう方法を。

それは、女子アナ!

日頃、テレビ画面で華やかに振る舞っている女子アナという存在。そんな華やかな彼女たちが抱える悩みを知ること。これはすなわち「存在と無」を理解することにつながるのです。

2

女子アナと「存在と無」

まず、本のタイトルでもある“存在”、そして“無”とは、一体なんのことなのか。本の言葉を忠実に訳すならこうなる。

「存在とは……
それがあるところのものであり
あらぬところのものであらぬような存在」

そして……

「無とは……
それがあるところのものであらず
あらぬところのものであるような存在」

断っておくが「存在と無」は早口言葉の本ではない。そう、たいへんに難しい本なのだ。しかしこうするとどうだろう? 存在＝マイクやカメラのような物体、無＝中野美奈子（※4）アナウンサーと置き換えてみるのである。サルトルが書いたのは、「いろんな物と中野美奈子」という本だったとしたら。ほーら。たちまち親近感がわいてくるのだ。

まず、カメラやマイクのように意識をもたないものは、自分のことや他のもののことを考えたりはしない。当たり前である。これがサルトルのいう“存在”（＝物）である。

一方、人間は常に何かを意識し、その意識していることをもう一度意識してしまうという複雑な構造をもっている。それは、ちょうど女子アナ中野美奈子が、テレビに映った自分自身をもう一度見ているような感じ。自分であって自分でない。今の自分イコール中野美奈子と思っていたのに、一秒後にはもう違う中野美奈子になってしまった。

サルトルは、マイクや照明ライトのように意識をもたず、まったく悩んだりしないような存在を「即自存在(※5)」、そして意識をもって外側との関係に悩む人間の存在を「対自存在(※5)」と呼んだ。

そんな「対自存在」としての意識は、常に「〜ではない」という否定する働きをもっているのである。さあ、あなたもやってみよう。

目の前のペンをじっと見て……。「これは、私ではない」。目の前のコップをじっと見て……。「これは、私ではない」。

そして、中野美奈子アナもテレビに映った自分を見て、無意識のうちに「これは、私ではない」ということを感じているに違いないのだ。つまり、人間は自分が自分になりきることができない。そう、意識は自分を否定して、瞬間ごとに違う意識へと変化しているのである。

サルトルはこれを「自分の中に裂け目をつくっている存在」と表現している。

ということは、人間は常に自分の過去から脱出し、新しい自分になっていくような存在なのだ。決まった自分がいない。だから人間は"無"なのである。つまりサルトルの書いた「存在と無」とは、「物と意識」という意味だったのである。

さて、中野美奈子という一人の女性。彼女はフジテレビに入社する前、ミス慶応という肩書きのことはここでは忘れるとして、世間的には無名の女子大生にすぎなかった。つまり、今でこそ女子アナとして存在している彼女だが、彼女なりの過去を、彼女自身で乗り越えてきたのである。そしてそんな無名時代の彼女は、実はこんな悩みを持っていた。

Q.「アナウンサーになる前は、どんな意識でしたか?」

中野「今勉強していることが、
どういう風に役に立つのかとか?
自分が本当にアナウンサーになれるのかどうか?
とにかく将来に対しては不安ばっかりありました」

そしてサルトルは人間が不安に陥る原因をこう表現している。

「人間は無であるから不安になる」

つまり、将来に不安を抱いていた無名時代の中野美奈子は、念願がかなってフジテレビに入社し、女子アナという存在になった。がしかし、女子アナになった中野美奈子は、何年かすると今度はこんな悩みを持ちはじめることだろう。「このままでいいのか？ フリーになるべきだろうか？」と。

そう。「フジテレビ女子アナ」という肩書きを捨て、もしも今後フリーになるということがあるのなら、それは女子アナという存在から、再び新たな存在へチャレンジすることを意味することであり、中野美奈子にはさらなる不安が押し寄せるということになる。

ということは、あなたが悩んでいるのは、あなたの意識がいつも「これじゃダメだ。これは私じゃない」と叫んでいるからということになる。

サルトルは

「人間はしょせん無益な受難である」

と説いている。

つまり、人間は悩みから逃れることができない存在なのである。

どうでしょうか。「存在と無」を読んだ気分になりましたか？ ここで「存在と無」という本は閉じてしまっても大丈夫とはいいませんが、重いのでとりあえず置きましょう。しかし、サルトルの思想はとどまるところを知りません。

実は「存在と無」は、彼のもっともいいたかったことの、さわり……つまり、それはケイン・コスギにとっての「筋肉番付」の跳び箱と同じこと。

つまり、悩みを背負った人間は、いかにして主体性を回復すればよいのだろうか？ と、ここからサルトルの実存主義が大きく爆発するのです。

3

サルトルの人生の悩み解決法とは?

サルトルが「存在と無」を踏み台にして、よりパワーアップさせた実存主義という運動。この実存主義というものはひとつの言葉を覚えるだけで大体を理解できる。その言葉とは

「実存は本質に先立つ(※6)」

これは簡単にいうと

「人間はまず実存し、それから自分自身を作る」

というもの。

少し難しくなってきたので、女子アナに話を戻そう。

「実存は本質に先立つ」

これを女子アナに喩えると、

「中野美奈子はまず存在し、
それからどんなキャラになるかを自分で選ぶ」

これと同じこと。

例えば、天然キャラのイメージのある内田恭子(※7)。彼女が天然キャラに見られるのは、「ジャンクSPORTS」でダウンタウンのハマちゃんにつっこまれているからに他ならないのだ。

しかし、彼女のキャラは、誰かに決められて作られたものではない。そう、彼女たちが番組を担当して、自分自身で作り上げたものなのである。

ということは、逆にいえば、今からだって、その気にさえなれば、違うキャラの女子アナになれるということでもある。つまり内田恭子はつっこみアナウンサーにもなれてしまうのだ。

さらに極端にいえば、女子アナを辞めて女優にもなれるし、主婦にだってなれる。つまり

「人間は自由に何にでもなれる。
だから今の自分がダメだからといって悩む必要はない」

「無」だから……

ということになる。積極的にこれからの自分を作っていけばよいのである。そしてこれぞ究極の人生の悩み解決法なのだ。

照明ライトやマイクは、最初から役割を決められて作られた物。「あたりを照らす」→「ライト」、「音を拾う」→「マイク」。この場合は、先にそれがなんなのか（＝本質）が決まっていて、存在するから

「本質は実存に先立つ」

ということができる。

が、人間は違う。人間はまず世界に投げ出され、自分で自分がなんなのか（＝本質）を決めることができるのだ。

だから、まず存在して、それから自分自身を作る。

これが

「実存は本質に先立つ」

ということ。人間は自分のあり方を自由に選択することができる。そしてこれは

「人間は自由な存在だ」

ということでもある。

　ただし、ここでひとつ、心にとめておかなければならないサルトルの言葉がある。

「人間は自由の刑に処せられている」

これは簡単にいうと、

「人間は自由に自分を作れるがゆえに、
その行動に対して一切の責任を取らなければならない」

というもの。

　では自由の刑とはどんなものなのだろうか。ここで再び女子アナで例えてみよう。

それは、

「自分で選んだ女子アナの道。
その行動にはきちんと責任を取らなければならない」

ので、番組での失敗の責任は番組で取る。

　つまり、

「女子アナは、NG大賞の刑に処せられている」

ということができるのだ。

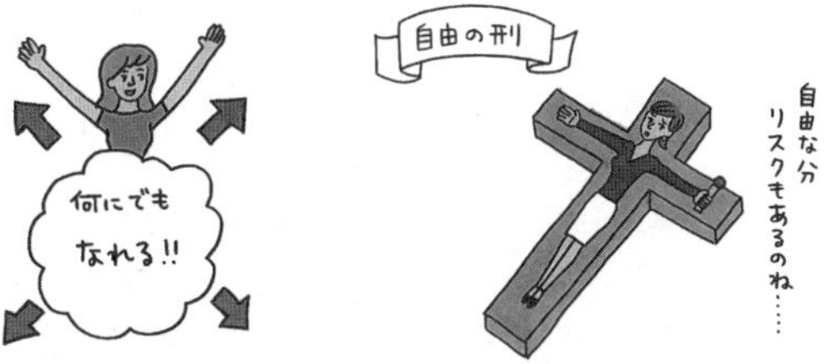

4

サルトルの恋愛と実存主義

「存在と無」を書き、常に人間の存在について自問自答していたサルトル。彼は、いかにも頭の良さそうな紳士のイメージがある。しかしサルトル流にいうと、彼の本質は大の女好きであったのだ。学生時代からの恋人ボーヴォワール（※8）がいたにもかかわらず、なんと浮気をしまくっていたのである。しかも身長160cmと背が低く、常に苦虫を潰したような表情をして、決してイケメンではなかったサルトル。なのになぜもてたのか？ サルトルに恋した女性がその理由を語っている。

「サルトルって黄金の口を持っていたんです」

そう、サルトルは黄金の口と明晰な頭脳を駆使し、次々と新しい女を作っていったのだ。

しかしである。だとすれば、サルトルのたどり着いた浮気の言い訳こそ、実は実存主義であったという大胆な仮説を立てることもできるのである。

「人間は自由に何にでもなれる。
しかし責任を取らなければならない」

それはつまり、

「男は自由に何人でも女性と付き合える。
しかし責任を取らなければならない」

だとしたら、女好きのサルトルが考えた、男はどう生きるべきかという哲学、それが「存在と無」であり、実存主義であったといえるのかもしれない。

人間はまず生まれ、それから自分の選択によって自分を作る。とても心に響く哲学です。人生、この先なんにもないと諦めきっているあなた。そんなあなたは“無”なのですから、この瞬間に生まれ変わっているのです。

次の瞬間、あなたは自分をどのように改造しますか?

注釈コーナー

※1　ムンク

(Edvard Munch 1863〜1944)

ノルウェーの画家・版画家。表現主義の先駆。病気と死のイメージを主題に選んだ。代表作に「叫び」などがある。

※2　アダモちゃん

正式名称は「アダモステ」。80年代に登場した伝説のお笑い番組「オレたちひょうきん族」での島崎俊郎扮するアフロヘアーの南国系現地人キャラクターのこと。決めゼリフは「ペイッ!」

※3　メメント

MEMENTO/2000年/アメリカ/監督:クリストファー・ノーラン/主演:ガイ・ピアース、キャリー=アン・モス、ジョー・パントリアーノ。10分前の記憶をなくしてしまう男が、ポラロイド写真と肉体に記したメモをもとに犯人にせまるというもので、インディペンデント作品にもかかわらず、口コミなどで評判となり全米トップ10入りもはたした。

※4　中野美奈子

(なかの みなこ 1979〜)

生年月日:1979年12月14日

出身地:香川県

出身大学:慶応義塾大学

血液型:B型

フジテレビ入社年:2002年

2009年、長年レギュラーを務めた「めざましテレビ」を卒業し、現在は『情報プレゼンター とくダネ!』のメインキャスターなどで活躍中。

※5　即自存在、対自存在

「即自存在」とは、マグカップやペンのように意識をもっていない存在。なので悩んだり不安をもったりはしない。一方、「対自存在」は意識をもっている存在。つまり人間のこと。人間は自分をもう一度見つめるという自己反省をするため、いつも自分を否定して、乗り越えていこうとする存在である。だから、不安につきまとわれるのである。

※6　実存は本質に先立つ

本質をつくる神が存在しない以上、人間はあらかじめ本質をもって生まれてくるのではない。まず、この世界に投げ出され、まず実存し、それから自分自らを作る。つまり人間は自由なのである。

しかし、自由であるがゆえに自分の行動の責任を引き受けなければならない。

※7　内田恭子

(うちだ きょうこ 1976〜)

生年月日:1976年6月9日

出身地:神奈川県横浜市

出身大学:慶應義塾大学

血液型:A型

フジテレビ入社年:1999年

長年「感動ファクトリーすぽると!」の看板アナウンサーとして活躍したが、2006年フジテレビを退社し結婚。現在はフリーアナウンサー、タレントとして活動中。

※8　ボーヴォワール
(Simone de Beauvoir 1908〜1986)
フランスの小説家、哲学者。パリの上流階級に生まれ、ソルボンヌ大学で哲学を学ぶ。女子高等中学校で教鞭をとった後、43年「招かれた女」で作家生活に入る。主著「第二の性」は女性解放運動に大きな影響を与えた。また哲学者サルトルの伴侶としても知られる。

蘊蓄コーナー

サルトルは劇作家としてもその才能を発揮している。「蝿」「出口なし」「汚れた手」「悪魔と神」「アルトナの幽閉者」……。基本は自分の思想のドラマにしたものであるが、広く評価された。なお「恭しき娼婦」「狂気と天才」「ネクラソフ」などの喜劇作家という側面もあるからさすがである。

サルトルとボーヴォワールは互いの自由な恋愛を認め合うパートナーシップを結び、それを知識人らしく「契約結婚」なる難しい言葉で説明した。「恋愛には、必然的恋愛と偶発的恋愛がある。そのどちらも大切!」ということで、サルトルが提案。他の相手と偶発的恋愛を楽しんでもいいが、お互いのあいだには秘密を作らないというもの。ボーヴォワールも同意し、契約成立したものの、偶発的恋愛はサルトルだけが楽しみ、彼女は嫉妬に悩まされたという。

彼はまた、1964年ノーベル文学賞の受賞を辞退している。

1980年4月15日、サルトルが死を迎えた時、フランスの新聞各紙は大々的にこれを報じ、葬儀には数万人の群集が柩のあとに行列を作ったという。

戦後の女子アナの歴史。実はそのルーツは女優の野際陽子に始まったといわれている。
1958年、立教大文学部英米文学科を卒業しアナウンサーとしてNHKに入局。そして62年、NHKを退局し、広告代理店で3カ月勤めた後、TBS「女性専科」の司会を務め、フリーのアナウンサーに転身。その後、TBS「悲の器」で女優デビュー。66年、あこがれのフランスに留学し、ソルボンヌ大で仏文学を学び、帰国後の68年、TBS「キイハンター」で女優復帰を果たす。

幼い時にサルトルは右眼がほとんど失明状態となり、左眼に頼らざるを得なくなったが、晩年の1973年以降は、その左眼もほとんど失明状態となり、読書や執筆活動が不可能になってしまったという。

ジークムント・フロイト

ウィーンの医師で精神分析の創始者。人間の「無意識」を発見。自由連想法および夢の解釈で神経症を治療する新しい手法を始め、無意識の過程と性的衝動を重視した精神分析学を確立した。著書に「精神分析入門」(1917)、「夢判断」(1900)などがある。彼の臨床的な学説は、20世紀の社会科学・芸術・現代思想などに多大なる影響を与えた。

06

第6冊

テレビ業界で読み解く フロイトの「精神分析入門」

Sigmund Freud

1856-1939

人々の心をのぞきこみ、ドロドロとした深層心理を暴いていった精神分析の創始者フロイト。夢占いや恋愛心理テストの一種だと思って、うかつに近づくと痛い目にあう彼の難解本「精神分析入門」を、ここでは一般庶民の深層心理が最も反映されているともいえるテレビ業界に例えて解説してみよう。コノ話もソノ話も、結局アノ話に結びつけてしまうフロイトの理論で、コノ章も全部アノ話になってしまうかもしれないのだが……。

あなたの中に、もう一人のあなたがいる。フロイトの代表作「精神分析入門」とは、そんな自分探しの道しるべとなるお厚い一冊です。でも自分のことは自分が一番よく知っているなんて思っているあなた。深夜にエイリアンに誘拐され、無意識の記憶を消去されているだけかもしれません。

そんな消え去った無意識的記憶があなたにどのような影響を与えるのか? それはフロイトの代表的著作「精神分析入門」を読むことで明らかになるのです。え? 厚くて読む気がしない? でも、ご安心を。

あなたがもし「TVガイド」「ザテレビジョン」「TV Bros.」「TV LIFE」「TVstation」「TV navi」など、これらテレビ雑誌を毎号買うようなテレビ大好き人間であれば大丈夫。いとも簡単にこの本を理解できるようになるのです。ではまずこんな所からひも解いてみましょう。

1

「精神分析入門」ってどんな本?

心の奥底に眠る無意識の世界。フロイトは、その心のメカニズム(※1)を明らかにした新しい学問を作り上げてしまった。その名は「精神分析」。つまり「精神分析入門」は、「精神分析」を作った張本人によって書かれた、とても由緒正しき入門書なのである。

ところがである。実はこの本、普通に書き記されたものではない。実はフロイトがウィーン大学で、それまでの研究成果を一般向けに講義した記録をまとめたものだったのである。

そう、いわばこの本はフロイトのベストライブアルバム。つまり、尾崎豊の「MISSING BOY」(※2)と同じようなものなのだ。

ではそこには、どんな内容が収録されているのか?

その主だった見出しはこうである。

第1講　序論
第2講　試行錯誤
……
第8講　小児の夢
第9講　夢の検閲
第10講　夢の象徴的表現
……
第12講　夢の分析例
……
第20講　人間の性生活
……

ちなみにその講義の聴講者は、第一次世界大戦中だったこともあり、わずか11名に過ぎなかった。まさにフロイトのシークレット・ライブである。

人には時に自分で自分をコントロールできないことがあります。まるで誰かにあやつられているかのように……。実はそれらの答えはあなたの無意識にあったのでした。しかしそんな無意識の世界を探るため、フロイトはある現象に注目しました。それは“夢”です。

人はなぜ夢を見るのか? 夢にはどうして奇妙なイメージが満ち溢れているのか? フロイトが唱えた理論は、少々難解です。しかし、ご安心あれ。実はあなたも大好きなテレビこそが、フロイトの夢理論そのものなのです!

2

夢とテレビ

さて、フロイトが明らかにした心のメカニズムとは、どのようなものなのだろうか。彼によれば、人間の心は氷山のようなもので、意識の水面上に現れて見えているのは、ほんの一部分にすぎないという。つまり心の大部分は、水面下にある無意識の領域に隠されているというのだ。そして、この無意識の領域(エス《イド》)には、「あれしたい。これしたい」という本能的衝動・感情(リビドー《※3》)がギュッと押し込められていて、いつも外へ出ようとしているという。

さて、これをテレビに例えて考えてみることにしよう。

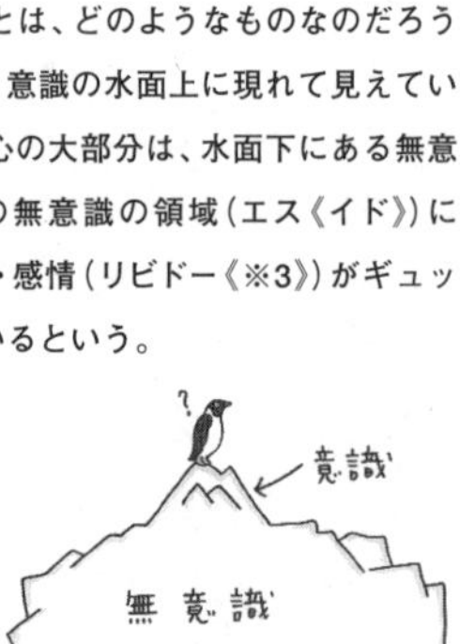

私たちは、テレビを見る。旅番組を見る。グルメ番組を見る。実はこの時、あなたは、知らず知らずのうちにこう思っているはずである。

「あぁ〜温泉行きてぇ〜。うまいもん食いてぇ〜」。

しかし忙しい毎日。現実には行けないし、食べられない。まさにテレビとはそんな欲求の隙間を埋める存在なのである。そしてフロイトが唱えた夢の目的もまさにそれと同じ。

夢は……眠りを妨げる心的な諸刺激を
幻覚的な充足によって排除するものである

眠りを妨げる心的な諸刺激。こういうとなんだか難しいが、要は満たされなかった欲求のこと。行きたい。食べたい。でも行けないし、食べられない。それら無意識の世界に抑圧された欲求は、精神を刺激し、眠りを妨害してしまう。そこでその不満を解消し、我々に心地よい眠りを与えるべく夢が生み出されていたのだ。

しかし、夢とはそんな単純なものなのであろうか?

無意識の願望　→　夢

肉食いて〜　→　焼き肉屋の夢
温泉行きて〜　→　露天風呂の夢
デートして〜　→　デートの夢

いや、普段我々が見る夢は、もっと奇妙で複雑ではないだろうか?

長い階段　落とし穴　空を飛ぶ
食べられない　謎の人物　ひたすら逃げる……

実は、テレビもそれと同じなのである。

例えば、おいしいものが食べたいという視聴者の欲望があるのにもかかわらず「ドキュメント美味」などという、こんなにストレートな番組はあまりない。

美人が見たいという欲望があるのに「世界の美人」という、こんなひねりのない番組もほとんどない。それは一体なぜなのか?

なんとその原因は、実際にテレビ番組を制作する現場にあったのだ。

そう。つまり彼らプロデューサーたちが、視聴者の欲望にストレートな番組を作ることをよしとしていなかったのである。

ある実在プロデューサーさんからの手紙

「グルメや温泉、美人など、確かにどれも視聴者が見たい要素です。しかし、それをストレートに出しては、視聴者はさらに強い刺激を求め、やがては飽きて、テレビを見てくれなくなってしまうかもしれません」。

果てしない視聴者の欲望。つまりそれをストレートに見せることは、必ずしも視聴者の為にはならないのだ。

実は、夢の世界もこれとまったく同じ。夢の世界にもプロデューサーが現れ、刺激がないように「検閲」し、夢を歪曲してくれていたのだ。これこそ私たちの夢が複雑であった原因なのだ。

そしてフロイトは、この夢の歪曲をおこなうプロデューサーたちを超自我(※4)と呼んだ。

そんな超自我は、道徳的な良心のこと。夢だけでなく、日常生活においても、無意識からわき上がってくるリビドー(欲望のエネルギー)について「これ、出しちゃうとやばいなぁ」というものをすべて検閲し、押さえ込んでいた(抑圧)のである。そして、ストレートに噴出することのできないリビドーは、いろいろとひねられて(歪曲され)、もとの姿とはほど遠いものとなって意識されていたのだ。

テレビ番組のプロデューサーがよくこんな言葉を口にします。「う～ん、なんかさぁ～。この企画、ちょっと、ひねりがたりないんだよねぇ～」。これと同じように、心のプロデューサーたちも無意識にわき上がってくる欲求に対して、こう審査を下すのです。

「う～ん、これちょっとストレートすぎるんだよね、外に出せないんだよねぇ。もうちょっとひねって!」と。そして、無意識の欲望は、歪曲に歪曲を重ねて、象徴的な夢として表現されることになります。

ところがフロイトは、この歪曲にある法則を見出しました。そして、この歪曲の法則こそが、驚くべきことに、今日のテレビ業界で数々の人気番組を生み出す力にもなっていたのです。

3

フロイトは名プロデューサー？

無意識の欲求が歪曲され夢となる。

【無意識の欲求→ひねり(歪曲)→夢】

そこでフロイトは、この歪曲に4つの法則（圧縮、移動、視覚化、象徴化）があることを突き止めた。そしてこれらの法則こそが、テレビ業界において大ヒット番組を生み出すためには欠かせない、重要な法則でもあったのだ。

その1. 圧縮の法則

例えば「あいのり（※5）」。旅先で様々な恋愛が繰り広げられる「あいのり」は、旅行に行きたい、恋もしたい、そんな誰もが持つ2つの願望を見事に一体化させた番組。これこそフロイトのいう圧縮の法則であり、圧縮とは複数の願望がひとつになることなのである。

圧縮の法則
「旅行したい」＋「恋したい」＝「ラブワゴン」

例えば夢の中で、デートの相手をよく見ると、顔はA子ちゃんなのにスタイルはB子ちゃん。そんな夢を見るというのは、実は、顔はA子ちゃんが好みだけど、スタイルはB子ちゃんがいいという無意識の願望が圧縮されたものだったのである。

その2. 移動の法則

続いて音楽バラエティ「HEY! HEY! HEY!（※6）」。それまでの音楽番組はメインは音楽、トークはあくまで添え物だった。しかしその概念を打ち破り、トークを大幅にショウ・アップして大成功を収めた歌番組。これこそまさに移動の法則。移動とは、本来の主役が他のものと入れ替わってしまうことなのである。

移動の法則
歌(主役)⇔トーク(その他)
トーク(主役)⇔歌(その他)

例えば夢の中で、彼と結婚するはずが、なぜか彼のお父さんと結婚式を挙げている。そんな夢は、実は彼と結婚した後、彼の親とうまくやっていけるか心配。そんな無意識の不安が「彼」と「彼のお父さん」とを移動させていたのである。

その3. 視覚化の法則

そしてなんと整形をバラエティーしてしまった「ビューティー・コロシアム(※7)」。それまで整形に興味はあっても、具体的にどうなるのかはわからなかった。そんなイメージだけしかなかった整形を見事に映像化し、世の女性たちの共感を得たこの番組。これこそ視覚化の法則である。視覚化とは、抽象的なイメージを具体的な映像にすることなのである。

視覚化の法則
イメージ → 具体化

例えば、迷路に入り込む夢を見てうなされたとしよう。それはそのままズバリ、無意識の中に迷いを抱えている証拠なのである。

その4. 象徴化の法則

そしてさらに高視聴率を記録するバラエティ番組には、ある仕掛けがなされていた。すなわちお決まりのキャスティングである。例えば、いじめられっことといえば、出川哲郎(※8)。モテないといえば、磯野貴理(※9)。おかまといえば、おすぎとピーコ(※10)。そうした特定のイメージを持ったお決まりのタレントをキャスティングをすることで、視聴者に番組の内容、この先の展開などをいち早く伝え、つかみにしていたのである。これこそまさに象徴化の法則。

象徴化の法則
いじめられっこ → 出川哲郎（お決まりタレント）
あるイメージ → お決まりの映像

そして夢の中でも、我々の無意識の中に眠るイメージを、お決まりの映像に置き換え、その人に伝えようとしていたのである。

例えば、夢に現れるバルコニーのある家は、無意識の中の女性の象徴。部屋を開く鍵は、男性の象徴。ダンスや登山は、性行為の象徴といった具合。このようにフロイトは、多くの童話や神話、風習やことわざをひも解くうち、世界に共通して現れる象徴の関係を見出したという。

夢の映像 → 象徴しているもの

りんご・桃 → 胸
森・やぶ → 毛
礼拝堂 → 女性
小動物 → 子供
汽車・旅行 → 死
などなど

このように夢のメカニズムを見事に解き明かしたフロイト。歴史にもしもという言葉は許されないが、もしも彼がフジテレビに入社していたら、きっと国民的ヒット番組を生み出していたに違いないであろう。

それではなぜ、フロイトは精神分析の研究をはじめたのでしょう？ それは、あなたの日常生活とも関係があるかもしれません。どうしてもある人の名前をすぐ忘れてしまう。なぜか毎日会社に遅刻してしまう。家を出て駅に着いた頃に、いつも戸締まりが気になり、いつも引き返してしまう（が、やっぱり鍵は閉まっている）。このように、あなたもしばしば、わかっちゃいるけどやめられないという不可解な行動をとることがあるのではないでしょうか？

しかし、この行動が、日常生活に支障をきたすようになってきた時、それは「神経症（ノイローゼ）」と呼ばれるようになるのです。フロイトの研究は、この「神経症」との闘いから始まったのです。

4

精神分析の使い方

今からおよそ120年前、フロイトはオーストリアのウィーンで精神科医を営んでいた。彼のもとを訪れるのは神経症に苦しむ人々。神経症とは、精神的な要因が、体に症状として出てしまう病。例えば、一日に何度も手を洗わなければ気がすまないという脅迫神経症などはその典型的な例である。

そんな中、フロイトはそれら神経症の原因は、患者の無意識に潜む何かが原因だと仮定した。そしてその何かを明らかにすれば、神経症を直すことができる、そう考えたのである。

例えばフロイトのもとを訪れた19歳の女性。彼女は寝る前に必ず奇妙な儀式をしていた。部屋の時計をすべて外に出し、花瓶を床に落とさぬよう、机の上にまとめて置く。さらにはクッションをベッドの枠板に触れないように置くなど、その儀式は1～2時間にもおよび、その間、両親は眠ることができなかった。

そしてフロイトは彼女の行動をこう分析した。

時計およびその音は性的興奮を意味する。花瓶はその形から女性を象徴し、それを壊さないように置くという行為は、性行為への不安を意味する。そしてクッションは女性、ベッドの枠板は男性を意味し、それを離すということは、男性と女性を離すことを意味しているのだと。

そんな以上の分析から、彼女の眠る前の奇妙な儀式は、無意識の中の性的願望の現れであり、同時に、父親の愛情を独占したいと欲していることが明らかになった。彼女は毎晩の儀式によって、そのような自分の願望が表面化するのを抑え、さらに父親と母親が親密な関係を結ぶことを妨害していたのである。

このように、神経症の原因の多くは、過去に負った心の傷なのである。しかも人は、それを無意識の中に隠そうとする。しかし、そんな風に原因となる過去から逃げるのではなく、それら過去と向かい合い、受け入れることができた時、はじめて神経症は回復へと向かうというのだ。つまりフロイトが始めた精神分析とは、人の心を過去の戒めから解放し、未来に向かって自由に歩んで行かせる。そのための手段だったのである。

フロイトはこういっています。

「夢を見た人は、
その夢が何を意味してるのか知っている。
ただ自分が、夢の意味を
知っていることを知らないだけ」

――であると。

さあ、今夜あなたはどんな夢を見るのでしょうか？　奇妙なイメージが満ちあふれた夢かもしれません。でも、その夢の本当の意味を、あなたは実は知っているはずなのです。そしてそれは、あなたの悩みを解決する糸口になるかもしれません。

どうぞあなたの夢も現実も、悪夢になりませんように……。

注釈コーナー

※1　心のメカニズム

フロイトは、人格を「イド(エス)」「自我」「超自我」の三つの領域からなるとした。エスは無意識の領域。これは本能的エネルギーの貯蔵庫であり、快楽原則に従い、快楽を求苦痛をさけようとする。そして超自我は良心的な自我。自我はエス(イド)と超自我にはさまれながら、これらと外界を仲介する領域のことである。

※2　尾崎豊の「MISSING BOY」

(おざき ゆたか 1965〜1992)

1983年、青山学院高等部在学中にシングル「15の夜」、アルバム「十七歳の地図」でデビュー。大人や社会に対する不信や不安などをストレートな言葉で歌い上げ、「若者の代弁者」として共感を呼び支持された。1992年4月25日の事故で亡くなるまで、6枚のオリジナルアルバムを発表している。代表曲に「I LOVE YOU」「卒業」「OH MY LITTLE GIRL」など。

そして「MISSING BOY」とは生前に各地で行われた様々なライブ音源を集めて再編されたライブベストCDのこと。発売は1997年11月15日。

※3　リビドー

リビドーとは性的エネルギーのこと。フロイトの理論は汎性欲論で、すべての心理エネルギーを性欲に還元する。そしてこのリビドーがねじ曲がると、ノイローゼなどの精神疾患が生じるとする。また、リビドーは、文化的・芸術的並びに社会的創造のエネルギーであるともされている。

※4　超自我

子供は両親からしつけられることによって、自分で自分を罰するようになり、道徳的な良心が形成されてゆく。これにより無意識的な良心による抑圧が起こるようになる。これが検閲である。そして、この検閲する機構を超自我という。

※5　あいのり

(フジテレビ　2009年3月放送終了)

恋愛観察バラエティーというサブタイトルからもわかるように、これは男女7人が「ラブワゴン」というワゴンバスに乗って海外を旅する中、参加者の恋愛ドラマを数台のカメラで観察していくという、ドキュメントスタイルのバラエティ番組。つまり参加者が決められたストーリーに従って演技したり、台本が存在することがないのが、この番組の面白さであった。

※6　HEY! HEY! HEY!

(フジテレビ　毎週月曜日、午後8時)

歌番組といえば「歌」。しかしそんな中、ダウンタウンとアーティストの「トーク」を中心にすることで大人気となったのがこの番組。このような会話から、アーティストの意外な一面が見えることが人気の要素のひとつだが、もちろん臨場感あふれるライブも必見である。

※7　ビューティー・コロシアム

(フジテレビ　2003年9月放送終了)

「B.C. ビューティー・コロシアム」とは、外見のコンプレックスに悩む相談者の「きれいになりたい」という切実な願いを実現するために、日本最高の技術を持ったアーティストが総力をあげ応援してゆく番組。レギュラー終了以降も、特別番組として放映されている。

※8　出川哲郎
(でがわ てつろう 1964〜)
お笑いタレント。リアクション芸人の代表格として知られている。ちなみにウッチャンナンチャンとは、専門学校時代の同級生。

※9　磯野貴理
(いその きり 1964〜)
女性タレント、女優。80年代前半、女三人組のお笑いアイドルグループ「チャイルズ」としてデビュー。「笑っていいとも!」のレギュラーなど多方面で活躍するが、数年後に解散。その後はソロとして、バラエティタレントに転身。結婚できないキャラとして人気を博していたが、2003年に結婚(しかし2009年離婚)。現在も幅広い活動を見せている。

※10　おすぎとピーコ
◎(おすぎ1945〜)
タレント、映画評論家。デザイナー、歌舞伎座テレビ室制作を経て、映画評論家となる。1975年、ラジオで「おすぎとピーコ」としてデビュー。以後、新聞、雑誌等に映画評論の執筆のほか、ラジオ、テレビ、講演や映画祭、トークショー出演、対談など多方面で活動中。
◎(ピーコ1945〜)
タレント、ファッション評論家。服飾関係の仕事を経て、テレビ制作会社に勤めていた双子の弟、おすぎの紹介で、衣装デザイナーとして芸能界へ。女優の衣装や服をオーダーメイドで制作するうちに、おすぎともども芸能関係者の目に止まり、1975年、ラジオで「おすぎとピーコ」としてデビュー。以後、ラジオ、テレビ、講演、イベントの企画制作など多岐にわたって活躍している。

蘊蓄コーナー

フロイトが総合病院に勤務していた時、もう少しで国際的な評価を得たという発見をしている。それは少量のコカインが過労に対して効果を示すというもの。これは研究結果を論文として発表し、後のコカインの局部麻酔効果の発見に一役買っている。しかし、彼がその後の研究成果を発表する前、許婚者に会いにいっている間に、同僚のひとりが、眼科手術のための麻酔薬としてのコカインの有用性を発表してしまったのである。これによりフロイトの発見は影が薄れ、しかもコカインの中毒性が知られるに至り、批判の対象にさえなってしまったという。

実はフロイトはキノコ類の収集家でもあり、その専門的知識の持ち主でもあった。また旅好きで、考古学的珍品も収集していたという。まさにコレクターである。

フロイトにはなんと6人も子供がいる。その娘のひとりアンナは、後に父の最も著明な後継者のひとりとなった。

プラトン

ギリシアの哲学者。ソクラテスの弟子。師の死後、各地を旅行し、B.C.387年アカデメイアをつくり、自らそこで教えた。ソクラテスの思想を発展させ、イデア論を展開。西洋哲学の伝統は「プラトン哲学に対する脚注」といわれるほどで、西洋哲学の原点をなす。著書に「ソクラテスの弁明」「パイドン」「饗宴」「国家」などの対話編がある。

07

第7冊

グラビアアイドルで読み解くプラトンの「饗宴」

Platon

B.C.428 - B.C.347

遥か2400年前、混沌とした世界に真理を追い求めプラトンは書物を書いた。それは師であるソクラテスとの対話という形を借り、己の思想を表現した本、「饗宴」であった。そしてこれは、真実の愛への誘いの本でもある……。ここでは、そんなラブリーな哲学書をグラビアアイドルで読み解いてみることにしよう。イデア、エロースなどの言葉も、グラビアアイドルに喩えるとドンドン理解できることを、天国のプラトンさんも、笑ってるんだか怒ってるんだかわからないが……。

この章では、プラトンの「饗宴」をご紹介します。私の独自の調査によりますと、この「お厚いのがお好き?」が出版されると、世界的な規模でプラトンブームの巻き起こることが予測されます。ハリウッドでプラトンをモチーフにした映画が作られるのも、もはや時間の問題でしょう。

しかしプラトンなんて、そんな気難しい本など、まったく読む気になれないというあなた。ご安心を。なんとグラビアアイドルたちの存在になぞられれば、このプラトンの「饗宴」は、いとも簡単に読み解くことができるのです。

1

プラトンと「饗宴」

というわけで、いざ「饗宴」を読まんとする前に、みなさんはプラトンがいつの時代を生きた人なのかご存じであろうか? 驚くべきことに、プラトンは今から約30年前、近藤真彦が「天国でプラトニック」(1983年1月20日発売)という曲を出した時、すでに天国の人だった! とまあそれはそれとして、実に彼が生きたのは、今から約2400年前の古代ギリシア時代。しかしプラトンについて語る前に、まずはプラトンと、彼の師匠であるソクラテス(※1)について知る必要があるのです。

2

プラトンとソクラテスの師弟関係

紀元前5世紀頃の古代ギリシア時代。「いつ、どこで、誰が見ても、正しいこと（客観的真理）がある」と訴える一人の男が登場した。それがプラトンの師匠、ソクラテスである。

というのは、当時、ソフィスト（※2）という職業教師が「相対主義」を説いていたため、ギリシャのポリス（都市）の倫理観が乱れてきていたからである。そんな「相対主義」とは、簡単にいえば「みんな人それぞれ価値観はちがうでしょ。あんたはあんた、わたしはわたし」というまさに、学校をさぼって渋谷をうろついている中高生の自己主張みたいなもの。こういう時代の中、ソクラテスは、世話焼きオヤジみたいに「正しいことについて語り合おうよ〜」と人々と問答していたのだった。

そんなソクラテスは、死後およそ2400年経った今でも、中学校の教科書に出てくるほどの超有名人。ならばさぞかし、分厚い書物をたくさん残したことであろうと、そう思いがちである。がしかし、本当はまったくその逆！ なんとソクラテスは生涯で一冊も書を残していないのである。

なのに、なぜこうも超有名人なのか？ その理由は、何を隠そうソクラテスの死後、その弟子のプラトンが、師匠から学んだことに、プラトン自らの哲学をドッキングさせて、せっせと書物にして、世に広めたことに他ならないからなのである。

そんな彼の本は対話編という形式をとっており、ソクラテスが数人の仲間たちと会話形式で自説を語っていくもの。つまり現代に例えるなら、ドラマ「北の国から」で、脚本家の倉本聰（※3）が、富良野の大自然を舞台にして、螢と純に自らの哲学を語らせるようなものなのである。ということは、プラトンとは古代ギリシア時代に生きた倉本聰のような存在だったのである。

そんなプラトンが脚本した「饗宴」のテーマは、ズバリ愛とは一体何なのか？　そう、あなたもこの本を読めば、真実の愛について知ることができるのである。

ちなみに「饗宴」とは、数人でワインを飲みながら語り合うギリシア時代の習慣のこと。現代風にいいかえるなら「今夜はワインでも飲みながら愛について語り明かそう」と、まるで合コンのようなものだったのだ。

このワイン片手に酔っぱらいが愛を語る、そんなギリシア時代の集まりを、シュンポシオン(Symposion)といい、これが転じてシンポジウム(Symposium)という言葉も生まれています。

さて、その「饗宴」ですが、これはアテネという〈北の国〉を舞台にした愛の物語。そしてこの本は、あなたのように愛を見失った人ならば、誰もが読むべき癒しの書なのです。しかし、実際この本を読もうとすると、もう目眩がするほど理解に苦しみ、これが非常に難解! そこで私は彼女たちに注目しました。そう、みなさんの大好きなグラビアアイドル。そんな、美しい肉体で不況の世の中を癒し続ける彼女たちの中にこそ、本物の愛に近づけるキーワードが隠されていたのです……。

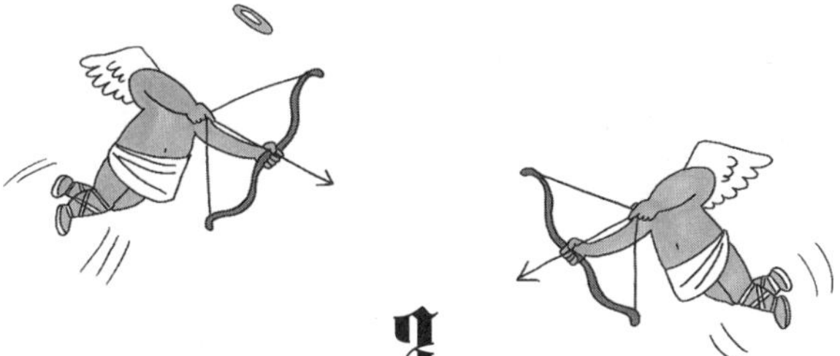

3

饗宴に書かれた本物の愛

本物の愛を追求する癒しの書「饗宴」。この中でプラトンは、真の愛についてどのように語ったのだろうか?
それは、

「人は、真実在としてのイデア(※4)を恋い慕う」

である。

しかし、そんなこといきなりいわれても、イデアが何のことだか見当もつかないであろう。しかし、それを理解する簡単な方法が、なんとグラビアアイドルにあったのである。

103cmのド迫力バストで、グラビア界に旋風を巻き起こした根本はるみ(※5)。彼女はIカップであるにもかかわらず、いまだにヨーグルトや牛乳を大量に摂取することで、そのボディにますます磨きをかけている。そんな彼女のギリシア彫刻のようなスタイルとともに、ここではその名前をしっかりと頭にたたきこんでほしい。

そして現在、バラエティ番組で大活躍の国民的グラビアアイドルMEGUMI(※6)。その日本人離れした94cmのバストに、なんともキュートで愛くるしい笑顔。そんな表情と共に、MEGUMIという名前をしっかりと脳裏に焼きつけてほしい。

根本はるみにMEGUMI。この2人の名前をよく覚えたところで、プラトンのとなえるイデアを考えてみよう。

まず、我々が住む世界を現象界。我々が理想とするものが存在する世界をイデア界としてみよう。おおっと! 何のことかわかりません、とお嘆きになるのもごもっともである。ご心配なく。

ここで先ほどの彼女たちを思い出してほしい。

根本はるみ・MEGUMI

まさにイデア界にいる彼女たちは、我々の手の届かない理想の存在。その理想の存在である彼女たち自身を、ここではまずイデアとする。そして現象界を、彼女たちの写真集としてみよう。こうすれば簡単、一目瞭然である。

プラトンはこう説いている。

「イデアは、現象界における物の根本であり、
現象界への恵みである」

と……。

写真集に写った彼女たちは、イデア界からの根本的な魅力、そして魅力の恵みなど、イデア界からのエネルギーをたっぷり受けてはいるが、所詮彼女たちイデアのコピーといえるのである。そう、イデア界のイデアは本物。そして現象界の人や物はコピーだったのだ——！

それではここで、イデアについて知らなかった自分、グラビア写真を見ている自分の姿を思い出していただきたい。あなたはそこでナイスバディのグラビア写真を見た時、写真集に写った彼女たちを「美しい」と思ったことはないだろうか。

しかし、それこそが間違いのもとなのだ。考えてみてほしい。何を写真集で満足しているのだろうか。

彼女たちの美しさの本質は、
写真集の中ではなく、
我々の手の届かないイデア界に
存在するというのに……。

いかがでしょうか。本質＝イデア。では一体そのイデアを、どうすれば知ることができるのか？ そんな興味がわいてきたはずです。そう！ 今のあなたのようにイデアを知りたいと思う気持ち、それをプラトンはこう呼んでいます。エロース（※7）と。そして、このエロースによって、人は真実在に近づけると説いています。え？ 何エッチなこといってるんだって？ そんな勘違いをしているようでは、本物の愛には近づくことはできません。エロースとは、断じてエロではないのです!!!

それでは、エロースとは一体何なのか。それは……。

4

プラトンの思想エロースとは？

エロースとはプラトンいわく、

完全なもの（イデア）をあこがれ慕う愛

のこと。

そしてこのエロース、誰にでも間違いなく覚えがあるはず。

それではここで思い出してほしい。毎日トレーニングしていた自分を……。今はひ弱でやせっぽっち。これでは危険から女の子を守ることなんてできやしない。「よし、それならムキムキマンになってやる！」なんて、理想や目的に向かって努力した覚えがあるだろう。そう、思い出せただろうか。つまりあなたもエロース経験者であったのだ。

それではエロースの気持ちを得ると、人はどうなるのだろうか？ プラトンは「饗宴」の中でこう書いている。

それは——

「エロースによって
その人は
幸福になるでしょう」

つまりプラトンは、人間は理想を追い求めるところに幸せがあると説いているのである。つまり、エロースがあればビンビンに元気になれる。そういうことなのだ。

人間が理想を求めようとするエロース! それは本物の愛。理想を恋い慕って努力する。そうすれば、人はいつか真実を知り、幸福になれる! ああ、なんと感動的か! ああ、なんて神秘的なことだ! あなたも今すぐ、イデアを恋い慕うべきです!!!

と、その前に、この「饗宴」の中で私がみつけた究極の恋愛ストーリーをみなさんに聞いていただきましょう。

5

饗宴に書かれた究極の愛

プラトンの代表作のひとつ「饗宴」。全編にわたり愛について書かれているこの本には、現代にも通じる究極の愛が描かれていたのである。

（※この愛人、実は男です。詳しくは、蘊蓄コーナー《本書103ページ》にて）

それは以下の文章から読み取ることができる。

**「ソクラテスとベッドを共にしたにもかかわらず
父または兄と共に休んだ場合と同様に
何の異常もなく眠ってそして起きたのです」**

これはソクラテスと愛人が一夜、ベッドを共にしたにもかかわらず、ソクラテスが自分に手を出してこなかった。自分に魅力を感じないからか。などと愛人がぼや

いているというもの。

しかしソクラテスは、その問いに一切答えようとしないのである。これはソクラテスが、若い肉体や見た目の魅力に惑わされることなく、純粋に愛する心だけを感じていれば、それだけで幸せだったという無言の答え。

このような思想が、のちにプラトニックラブと呼ばれるようになったのである。

つまりこれを現代に置き換えると、究極の愛とは、ラブホテルに行っても何もせず、ただ一緒にいるだけで幸せな気分でいられるということ。もうおわかりであろう。究極の愛とは、肉体だけを愛することではなく、それをはるかに超越した場所にこそ存在するのである。

それではもう一度、究極の愛をグラビアアイドルに置き換えてみよう。

好きなグラビアアイドルが水着を卒業し、女優やタレントに転向した時、あなたはもう「ナイスバディが見られない」などと嘆いてはいけない。

なぜならば、あなたが愛していたのは、水着姿の雛形あきこや山田まりや(※8)だったのだろうか? いや、愛していたのは雛形あきこや山田まりや、そのものだったはず。

たとえ水着を卒業したとしても、いつまでも変わることのないイデア界の彼女たち。そんな彼女たちを愛し、いつまでもファンであり続ける愛こそ、まさに究極の愛なのである。

こんなギリシャ時代の恋愛本。プラトンの「饗宴」。おわかりいただけたでしょうか?

もし今、都会の生活に疲れ、究極の愛とは何かを知りたくなったのであれば、ぜひこの「饗宴」をお読みになることをオススメします。

注釈コーナー

※1　ソクラテス
古代ギリシャの哲学者。人々に無知の自覚を促すことを哲学的使命とし、プラトンに決定的な影響を与えるとともに、後のギリシア哲学の流れを決定した。

※2　ソフィスト
本来は「賢き人」の意味。人々のもとを巡回しながら知識を授けて謝礼をとる一群の教師のこと。政治、法律、音楽、文学、哲学、弁論術など教授していた。プロタゴラスの人間尺度論が有名である。

※3　倉本聰
(くらもと そう 1935～)
脚本家、劇作家、演出家。代表作として、テレビドラマ「6羽のかもめ」「前略おふくろ様」「北の国から」、映画「冬の華」「駅 STATION」「海へ See you」など、数多くの脚本を手がける。

※4　イデア
現象界を超えたイデア界に存在する、普遍・完全・不変・永遠の真実在のこと。感覚的知覚の対象とはならず、ただ理性的認識の対象である。感覚的世界の個物はイデアを原形とするその模造であって、イデアをあずかってのみ存在する。

※5　根本はるみ
(ねもと はるみ 1980～)
タレント、グラビアアイドル。公称サイズは身長166cm、スリーサイズは上から103・60・88cm。その驚異のIカップを武器に人気を博す。

※6　MEGUMI
(めぐみ 1981～)
タレント、元グラビアアイドル。公称サイズは身長158cm、スリーサイズは上から94・60・86cm。テレビ、雑誌、CMなどで大活躍し、特にバラエティ番組などでは、核心をつく絶妙なトークを発揮している。

※7　エロース
真実在であるイデアを恋い慕う情のこと。人間の住む現象界では、すべてのものが生成消滅し、不変・永遠・完全なるものは存在しない。人間はこの不変・永遠・完全なるイデアを求めてやまない愛をもつ。この愛がエロースである。

※8　雛形あきこ、山田まりや
(ひながた あきこ 1978～)
(やまだ まりや 1980～)
両者とも、かつてはグラビアアイドルの代名詞だった時期もあるが、現在は主にタレントとして活動している。しかしナイスバディは今もなお健在である。

蘊蓄コーナー

師ソクラテスの死刑に接したプラトンは、その後一時アテネを離れて、イタリア、シチリア島、エジプトを旅し、前387年、アテネ近郊のアカデモスの森にアカデメイアを開いた。これはヨーロッパ最初の大学といわれている。そしてこれが現代のアカデミーの語源となっている。

プラトンの弟子のアリストテレスは、師のイデア論を強烈に批判した。プラトンは、アリストテレスが「子馬が母馬を蹴飛ばすように」離れていったと語ったらしい。

プラトンは、統治者は単なる政治家ではなく、善のイデアをこの世に現すことができる哲学者でなければならないと考えた。これを哲人政治という。前367年にシチリア島ディオニュシオス2世を指導して、哲学的な統治の実現をめざしたが、この実験は失敗におわった。

古代ギリシャでは、同性愛関係は普通に認められており、男性間の友情をきわめるものとして、むしろ奨励されるような風潮があった。プラトンの「カルミデース」には、ソクラテスと友人とカルミデースという美少年について語っているシーンがある。
「ソクラテス、どうだね、この若者は。見たところ美しい顔じゃないか」「美しいね。ケタはずれだ」「もし納得ずくでこの子が脱いで見せたら、顔なぞなくてもと、君は思うはずだがね。それほど申し分なくからだつきが美しいんでね。この子は」
……あなたも、プラトンの作品を読んでみたくなったのではないだろうか。

モンテスキュー男爵
シャルル=ルイ・ド・スコンダ

フランスの政治思想家・法学者。主著「法の精神」(1746)は立憲君主制や、権力の均衡論としての三権分立論を主張。アメリカ合衆国憲法をはじめとする近代憲法、また後の社会思想に多大なる影響を与えた。他の著書に「ペルシア人の手紙」(1721)「ローマ人盛衰原因論」(1734)などがある。

08

第8冊

六本木ヒルズで読み解く モンテスキューの「法の精神」

Charles de Secondat, Baron de Montesquieu

1689-1755

モンテスキューの「法の精神」、おそらく日本人なら誰でも耳にしたことのある本の名前である。しかし、一般庶民の日常会話の話題ベストテンがあったとしたら、その認知度、思想の重要性にもかかわらず、ベスト1000にすらランキングしないであろうが、もし、そのベストテンを席巻しているモノに「法の精神」を喩えることができれば、モンテスキューを今週のスポットライトに登場させることも可能かも。そこで六本木ヒルズを存在させる三要素を、三権分立に喩えつつ紹介しよう。

みなさん。六本木ヒルズ（※1）にはもう足を運ばれましたか？ 私の独自調査によれば、その六本木ヒルズ内の書店で、モンテスキューの「法の精神」を立ち読みする人が増えているようです。

ところで、あなたは、モンテスキューがどこの国の人か知っていますか？ その名前の響きから考えるとモンゴル人ではなさそう……。そう、彼はフランス人です。生まれたのは1689年。つまりフランス革命のちょうど100年前。ワインで有名なボルドーで生まれています。ちなみに六本木ヒルズ内にある、グランドハイアット東京の初代総支配人であるザビエル・デストリパッツ氏も同じボルドー生まれ。まさに歴史のイタズラでしょうか？

それでは「法の精神」がどこの国で出版されたのかご存知でしょうか？ 不思議なことにこの本はフランスではなく、スイスのジュネーブで出版されました。ではなぜフランス人のモンテスキューが、わざわざジュネーブで本を出したのか……。すべては、その謎解きから始まります。

1

法の精神ってどんな本？

世界中のワインマニアが注目するフランスワインの聖地、ボルドー。1561年、そのボルドーのはずれの村に土地を買い、城を建てた貴族がいた。そこは農作物のできないやせた土地だったことから、

不毛の丘＝モンテスキュー

と呼ばれていた。これがモンテスキュー家の始まりである。

そんな地方貴族の家に生まれたモンテスキュー。彼が生きた時代のフランスは、絶対王政の絶頂期であった。太陽王と呼ばれ「朕は国家なり」という言葉のもと、絶大な権力をふるったルイ14世（※2）。その支配のまっただ中で青春時代を過ごしたモンテスキューは、ぜいたくのかぎりをつくし民衆の生活を考えない君主を見て、何とか国民の利益を守る方法はないかと考えるようになる。しかし、ボルドーの貴族として裕福な暮らしをしていたモンテスキューが、すぐに行動を起こすことはなかったのである。

ところが、40代でイギリスへ留学。そこで見た住民の代表が話し合って決定をくだす議会制度にヒントを得、そして帰国後、実に59歳にして、長年の念願であった新しい政治の仕組みを本にまとめたのであった。その本こそ「法の精神」に他ならない。

そして、そんな本の根底に流れるメッセージとは、

**「横暴な君主から
いかにして自分たちの
利益を守るか」**

というもの。

つまり「法の精神」は、権力を痛烈に批判した暴露本だったのである。

このように時の権力者を批判するという、大胆な行動に出たモンテスキュー。しかし、彼は小心者であった。そこでモンテスキューは、検閲にひっかかるのを恐れ匿名で出版。しかも地元フランスではなく、あえて遠いスイスのジュネーブで出版されたことにして、フランスに持ち込んだのである。

こうしてフランス国民の手にわたった「法の精神」。しかしふたをあけてみれば、不当な王政に不満を抱いていた民衆の間で大ブレイク。その直後、モンテスキューの恐れていた通り、禁書リストに載るも、海賊版が出版され、瞬く間にヨーロッパ中に流通。一大センセーションを巻き起こす。

このように「権力は悪だ！」と、その実体を暴いた「法の精神」。それを現代に喩えるなら、かつて大蔵省の実体を暴露しベストセラーとなった、テリー伊藤・著「お笑い大蔵省極秘情報」(飛鳥新社)に等しいのである。

モンテスキューとテリー伊藤のもっとも大きな違い、それは生きている時代が違うという点。それは、もしも当時モンテスキューが実名で「お笑い法の精神」を出していたなら、恐らくその日のうちに絞首刑になっていたということでもあります。

それでは、時の権力者がそれほどまでに恐れた「法の精神」。ここには一体どんなことが書かれていたのか？　そろそろ六本木ヒルズの情報と共に本題に入っていくことにしましょう。

2

モンテスキューの説いた「法律」とは？

発売禁止処分になることを予感しながらモンテスキューが執筆した「法の精神」。その冒頭は、万が一自分が逮捕された時の言い訳ともとれる、こんな文章から始まっている。

「本書に書かれた無数の事柄のうちに
もし予期に反して人を傷つける事柄があろうとも
少なくとも悪意をもって書かれた事柄はない」

モンテスキューが、ここまで気を使いながら書いた内容とは、一体どんなものだったのかというと、実は総ページ数592ページ、全31篇からなるこの本すべてを読まずとも、次の2つの文章を完璧に把握するだけで、大半を理解した気分になれるのである。それは、例えば松井の打席を見ただけで、その日のヤンキースの試合をすべて観た気分になることと同じもしれない。

ではその「法の精神」を簡単に理解できる文章とは……。

「法とは、事物の本性に由来する、必然的関係のことである」（第一篇　第一章）

サラッと聞き流すと何をいっている文章なのかさっぱりわからない。しかし、その難しい言葉を分解していくと、

「事物の本性に由来する必然的関係」とは「自然の摂理」のこと。

「自然の摂理」とは、「歴史、伝統、習慣」のこと。

つまりこの一文を要約するとこうなる。

「その国の長い歴史や伝統の中で育まれた習慣こそが『法律』なのである」

結局、モンテスキューは

「強引に法律を作るな」

といいたかったのだ。

それは例えば、病人が薬の飲み過ぎで副作用を起こしたり、恋人同士がお互いをしばりあって破局してしまうことに似ている。

さらにこれを街に喩えたらどうであろう。何もない平地に強引に街を作ってしまった例は、実は日本各所にもみられる。その場所の持つ伝統、習慣を無視し、強引に街を作り上げてしまっても、最終的にそこに人は集まらず、街になりえなかった街というものが存在するのだ。

それに比べ六本木ヒルズは、東京の文化を育んできた六本木という街に、2700億円の費用をかけ、人々が長年求めていたものを建設。それは、実は意外と六本木に少なかったレストランであり、六本木に存在しなかったブランドショップであり、俳優座の代わりとなる映画館であり、デートに使えるオシャレなホテルであり、展望台であり、美術館であった。

しかも展望台は深夜1時まで、映画館に至っては週末はオールナイト上映と、どれも六本木に集う人々のライフスタイルに合ったものばかり。そして、モンテスキューはこんな名言を残している。

「法のために人間があるのではない」

彼の言葉を借りるとするなら、こういえるのではないだろうか。

「街のために人間があるのではない
人間のために街があるのだ」

私は足繁く六本木ヒルズに通い、そして様々な資料を採取してきました。どうやらその甲斐がありまして、私は六本木ヒルズと「法の精神」のさらなる一致を発見してしまいました。それはみなさんもよくご存じの三権分立（※3）。実はこれが見事に、六本木ヒルズに当てはまるのです。もしかするとモンテスキューは、今から250年以上も前に六本木ヒルズの誕生を予言していたのかもしれません……。

3

六本木ヒルズに見る三権分立

法律を無闇やたらに作るなといったモンテスキュー。それではその代わりにどうすれば良いのだろうか？ 彼はその意志をこの一文に託している。

**「人が権力を濫用しないためには
事物の配列によって
権力が権力を
阻止するのでなければならぬ」
（第十一篇　第四章）**

これこそが、かの有名な三権分立である。モンテスキューは、権力がそれぞれを監視しあうことで、国は健全に発展すると説いた。

そして六本木ヒルズにも、これと同じ構造を見つけだすことができる。それは「家賃」「スポンサー」「PR」という利害関係のバランスのもとに、

「森ビルが六本木ヒルズという街を作ったから人が集まる」
→「人が集まるから話題のテナントが入る」
→「話題のテナントがたくさんあるから、マスコミも取材にくる」
→「マスコミが取材にくるから六本木ヒルズにさらに客が集まる」

……と、こうして六本木ヒルズなる街が発展してゆくという図式になっているのだ。

では、そんな図式にのっとり、さらに六本木ヒルズのPRをおこなってみよう。

テーマは「1泊2日で自分を癒す　究極のエスケーププラン」!!

まずは会社を早退して、15:00にグランド ハイアット 東京（※4）にチェックイン。室内でゆったりとくつろいだあとはショッピングへ。それからTOHOシネマズ六本木ヒルズのプレミアスクリーンで映画を観て、夕食はカジュアルなリストランテ・レ

スタジのイタリアンに舌鼓。六本木ヒルズの展望台から東京の夜景を楽しんだあと、Bamboo Barで人気のカクテルをオーダー。部屋に戻ってふかふかのベッドでゆっくり休み、翌朝は毛利庭園の散歩からスタート。そして最後にカフェでコーヒーを飲み、会社へ出勤。これであなたも完璧に自分をリフレッシュできるだろう。

え? 財布が、もうスッテンキュー?

失礼しました……。

「法の精神」の出版は、世界の仕組みを大きく変えました。フランス国内でベストセラーになっただけではありません。なんと、この一冊の本が、一つの国を作ってしまったのです! そう、その国とは……???

4

新たな国を生んだ「法の精神」

世界を動かす超大国アメリカ合衆国。その歴史をひも解くと「法の精神」がいかに現代社会に影響を及ぼしているかを知ることができる。

1776年7月4日。イギリスとの独立戦争の最中、イギリス領北アメリカ13州が植民地支配からの独立を宣言。その瞬間、後に世界の警察と呼ばれるまでに成長するアメリカ合衆国が誕生した。と、ここまではよく知られた話。

しかし、その建国の裏側に「法の精神」が深く関係していた事実は、意外と知られていない。当時、アメリカ建国の中心人物であった、B・フランクリン、J・アダムズ、T・ジェファソン。実は、彼らの愛読書こそ「法の精神」であったのである。

彼らは民衆のための国作りを目指した。そして「法の精神」をもとに熱い議論を交わし、その結果、国民の国民による国民のための政治を追求した独立宣言（※5）を書き上げることに成功したのだ。

このように、アメリカの建国者たちに強い影響力をもたらしたモンテスキューの「法の精神」。特に三権分立法論は合衆国憲法の基礎となり、各州憲法にも取り入れられることとなった。つまり、今日のアメリカがあるのは「法の精神」のおかげ。もしもモンテスキューが「法の精神」を書いていなかったら、現在の世界の地図は変わっていたかもしれないのだ。

そんなモンテスキューの「法の精神」。おわかりいただけたでしょうか？　もし、今、あなたが国や街、あるいは新しい恋を作ろうとしているならば、ぜひこの本をお読みになることをオススメします。

注釈コーナー

※1　六本木ヒルズ

地下６階、地上54階建ての六本木ヒルズ森タワーを中心とした複合施設。オフィス、800戸を超える住居、200を超えるショップやレストラン、TOHOシネマズ六本木ヒルズ、森美術館、グランド ハイアット東京などからなる都市空間である。

※2　ルイ14世

(Louis XIV 1638〜1715)

絶対君主の典型とされる王。幼少で王位につき、王権神授説をとり絶対主義を確立。「朕は国家なり」という句は有名である。ヨーロッパ最大の常備軍を編制して相次ぐ侵略戦争により領土を拡大する。ベルサイユ宮殿を建設し、豪華な宮廷生活を営んだ。晩年は戦費、宮廷費の増大やナントの勅令廃止により、財政難になり、農民反乱を招いた。ニックネームは「太陽王」。

※3　三権分立

権力が集中すると、権力者がやりたい放題になる危険がある。そこで国家権力を、立法・行政・司法のそれぞれ独立した機関に担当させ、お互いに抑制・均衡をはかることにより、権力の乱用を防ぎ、国民の権利・自由を確保しようとする原理のこと。

※4　グランドハイアット東京、TOHOシネマズ六本木ヒルズ、レスタジ、展望台、Bamboo Bar、毛利庭園

もちろん、これらはすべて六本木ヒルズ内のスポット。このように独自のプランを立ててヒルズ内をツアーするのも楽しみのひとつである。この他にもまだまだたくさんある施設の詳細は、公式サイトhttp://www.roppongihills.com/にて。

※5　独立宣言

1776年7月4日、アメリカがイギリスから独立する理由・理念を内外に示した宣言。T・ジェファソンが起草。自由・平等・幸福の追求を天賦の権利として主張。世界各地の自由主義・民主主義の発展に大きな影響を与えた。

蘊蓄コーナー

モンテスキュー自身も「20年にわたる労作」といっている「法の精神」。なんとこれは当時、刊行18カ月で21版を重ねたほどの大ベストセラーとなった。売れ行きは絶好調、でも匿名、そして後の発禁処分などで、海賊版も数多く出回った。そんな海賊版が当時の日本にも上陸。「お厚いのがお好き?」番組本編で撮影した原書(大東文化大・蔵)はまさに本物です!

モンテスキューは、批判の対象にもなってしまった「法の精神」に対し、「法の精神の擁護」なる本を1750年に刊行している。しかし翌年、法王庁の禁書目録に加えられてしまうことになってしまう。またしても発禁処分である。

1721年に刊行されたモンテスキューの「ペルシア人の手紙」。この作品は、東洋人の目を借りて当時のフランスの絶対王政を痛烈に批判した、書簡体の風刺小説。後のフランス革命の思想的基盤を形成したともいわれている。こちらの作品も、もちろん匿名出版。

1734年に刊行された「ローマ人盛衰原因論」。ここでモンテスキューは、高らかにこう宣言している。「歴史を支配するのは運命ではない」。これは、歴史を摂理から解放した瞬間ともいえるのである。

年のせいで次第に視力が衰えてしまったモンテスキューは、この「法の精神」の完成後、隠居生活に入っていた。そして1755年2月10日、財産の整理のために出かけたパリで流行性感冒にかかり死亡してしまった。

ソシュール

スイスの言語学者。ジュネーブ、ライプチヒ、ベルリンの諸大学で学ぶ。1877年に「印欧諸語における母音の原初体系に関する覚え書」を出版。当時は不当に無視されたが、後に比較言語学史上の金字塔と称される。1880〜91年にパリ在住。高等研究員でゲルマン語などの講師を務めた。死後、弟子たちが学生の講義ノートを編纂し出版した「一般言語学講義」(1916)は、ソシュールの名を一躍高めることとなる。今日、構造主義的な方法の創始者の一人とされる。

09

第9冊

駅弁で読み解くソシュールの「一般言語学講義」

Ferdinand de Saussure

1857-1913

構造主義という思想。これは20世紀後半から21世紀の現在まで、思想界の王座に君臨しつづけるチャンピオンであり、実はひそかに我々の行動や生活にも影響を及ぼしている。その始祖とされているのが、スイスの言語学者ソシュールが書いた「一般言語学講義」。内容の難解さに加え、言語の成立を研究したこの本が、構造主義に到達することを説明するのはまさに長〜い旅行に出るようなもの。さぁ、駅弁を携えて、我々と共に旅に出ようではありませんか!

私の独自の調査によりますと、近頃、丸の内のOLたちの間で、ソシュールの人気が高まっているようです。彼女たちの携帯電話の待ち受け画面が、すべてソシュールになるのはもはや時間の問題でしょう。

ペリーが浦賀に来航した4年後の1857年。スイスのジュネーブで生まれたソシュール。そんな彼の代表作がこの「一般言語学講義」です。私からいわせれば、この本を知らずして生きているということは、いまだに“元ちとせ(※1)”を“もとちとせ”と読んでいる以上に恥ずかしい。えっ? 「一般言語学講義」なんて難しすぎて読む気になれない……。でも、ご安心ください。

横川の「峠の釜めし(※2)」。富山の「ますのすし(※3)」。そして西明石の「ひっぱりだこ飯(※4)」など、あなたが一度でも“駅弁”を食べたことがある人なら「一般言語学講義」の入り口に立ったも同然。

あなたは、駅弁とお厚いのがお好きでしょ?

1
一般言語学講義とは?

時は19世紀後半。14歳で言語学者としてのその地位を不動のものとした若き天才、ソシュール。そんな彼が晩年、スイスのジュネーブ大学でおこなった言語学の講義、それが、後に「一般言語学講義」として発表されたのは有名な話である。そこに記されたソシュールの思想は、20世紀のすべての言語学者の共有財産になったとまでいわれている。そんな全巻合わせて490ページにもおよぶこの大作の内容は、これは今風にいえば「言葉という旅のガイドブック」ようなもの。

退屈な毎日。つまらない日常。もっと自分の世界を広げたい。そう思って人はいろんな行動に出る。ある人は英会話教室とワインアドバイザー講座を掛け持ちし、またある人は会社を辞めて田舎暮らしを始める……。

しかしそんなことをせずとも「一般言語学講義」を読めば、いとも簡単に自分の世界を広げることができるのだ。つまりタイトルこそ言語学の本ではあるが、その中には自分の世界を新たに発見するための道筋が記してあるのだ。

いかがですか？ そんなわけでこの本は「私ってなんて世界が狭いんだろう」と悩んでいる方にこそぜひとも読んでいただきたい一冊であります。それはまさに、人生における旅のガイド「るるぶ」や「じゃらん」のようなもの。

ところがこの本、実際に読もうとするとか～なり難しい。そこで私は、あるものに注目してみました。それは、みなさんが一度は食べたことのある駅弁です。駅の弁当。略して駅弁。え？ ソシュールと駅弁とがまじわるわけがない？ いえいえ。その駅弁の魅力を知るということ、それはまさにソシュールの「一般言語学講義」のエッセンスを知ることに他ならないのです。

2

駅弁の誕生で語る一般現語学講議

旅の楽しみの一つとして、私たちの胃袋を満足させてくれる駅弁。そんな駅弁のあり方を語ることで「一般言語学講義」を理解できると誰が考えただろうか。

そんなわけで、そもそもソシュールはこの本で何を語っているのか？ 忠実に訳すならこうなる。

**「言葉によって名づけられる前に
物や観念は存在しない」**

いきなりそんなことをいわれてもさっぱりわからないので、ここで駅弁の登場なのである。

と、まずは、駅弁について考えてみよう。

駅弁の誕生。それについてはいくつかの説があり、最も古いのは明治10年に神戸駅で始まったという説。さらに明治16年に上野駅で藤野屋という店が、駅弁を売り出したという記録もある。

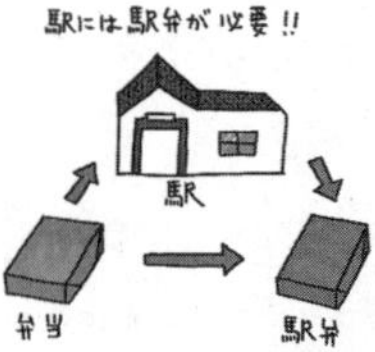

しかし最も広く知られているものは、明治18年の宇都宮で始まったという説ではないだろうか。ちなみにこの時売られたのは、おにぎり2つとたくあんを竹の皮でつつんだ「おにぎり弁当(※5)」。

このように駅弁の誕生はいろいろな説があるが、ひとつだけ確実なことがある。

それは、駅ができる前には駅弁は存在しなかったということ。

ここでソシュールの言葉に戻ろう。

**「言葉によって名づけられる前に
物や観念は存在しない」**

これは強引にも、

**「言葉によって駅弁と名づけられる前に、
駅弁や駅弁の観念は存在しない」**

と言い換えられる。

つまり「駅弁という言葉があって初めて駅弁がわかるように、言葉があって初めて世界がわかる」。

ソシュールの考え方を過剰に解釈すると、そういうことになるのである。それでは言葉があって初めて世界が生まれるということは、一体どういうことなのか？わかりやすい例を再び駅弁で説明しよう。

3
言葉は世界を広げる

私たちは、目の前にまず物理的対象が実在的に存在し、それに言葉のラベルを貼り付けていると考えている。まずタケノコという対象があって、それに「タケノコ」という言葉をくっつけた。しかし、本当にそうなのだろうか？ 例えば、目の前に幕の内弁当、唐揚げ弁当、ハンバーグ弁当、中華弁当などなど様々な弁当が店頭にならんでいたとする。私たちは、それらの種類の違いは最初からはっきりあり、それぞれにあとからの名前を貼り付けたのだと思ってしまう。

ところが、もし自分が弁当という言葉しか知らなかったとしよう。すると、それら目の前に並んでいる様々な種類の弁当はただの「弁当」で括弧にくくられてしまう。つまり「幕の内弁当」「唐揚げ弁当」「ハンバーグ弁当」「中華弁当」という言葉によって、はじめて弁当世界を分節することができるのだ。

ソシュールによれば、言語は、シニフィアンとシニフィエ（※6）という2つの面からできているという。

例えば、「弁当」という言葉。まず「bentou」と発音しなければどうしようもない。また「弁当」という見える文字がなければならない。これが、シニフィアン。そう、シニフィアンは視覚と聴覚がとらえることのできる音声や文字のイメージのことなのだ。

さらに、「弁当」という言葉には、弁当の意味を持っている。これがシニフィエ。弁当とはどんなものかあなたも知っているでしょう？ つまりその弁当の概念のことなのだ。そしてソシュールは、どんな言葉も必ずシニフィアンとシニフィエの2つを持っていると考えた。特に重要なのは、対象となる弁当そのものと言葉が結びついているのではなく、言葉の世界はシニフィアンとシニフィエで独立した世界なのだということ。まず先に弁当世界があるのではなく、言葉があるから、弁当世界を切り分けていくのである。もっとぶっちゃけていえば、言葉がそのまんま人間の世界なのだ。

別な例をあげてみよう。ここに2つの弁当があるとする。ひとつは駅弁。もうひとつは町のほか弁である。この2つを日本人に見せて「これはなんですか?」と訪ねると「これはほか弁。こちらは駅弁です」と答える。

しかし同じものをアメリカ人に見せてみるとこう答えるのだ。「This is the lunch box. And this is the lunch box,too. Right?(これはランチボックス。こっちもランチボックスだよ)」

さらに2人とも、昨日のお昼はほか弁、今日のお昼に駅弁を食べていたとしたら、日本人は「昨日のお昼はほか弁、今日のお昼は駅弁を食べました」と答えるのに対し、アメリカ人はこう答える。「I have a lunch box today and also had a lunch box yesterday.(昨日も今日もお昼はランチボックスでした)」

もう、おわかりであろう。こう聞くと2人とも同じもの食べたのにもかかわらず、日本人の方がお昼のレパートリーが広いように思えるのだ。

そう、つまりアメリカ人が「lunch box(ランチボックス)」という言葉しか持たないのに対し、日本人は「ほか弁」「駅弁」という2つ以上の言葉を持っている分だけ、豊かな昼食ライフを送ることができるのだ。日本語では弁当を多数の種類に分節化している(※7)ということは、それだけ弁当の概念を多く持っている。つまり、世界が広がっていると考えてよいのである。

このように「一般言語学講義」は、言葉が増えれば世界が広がるということの根拠がよくわかる本なのである。

というわけで「言葉によって名づけられる前に物や観念は存在しない」。この意味がおわかりになりましたか？　確かに、日本人にとっての雪は淡雪、ぼた雪、細雪などですが、エスキモーは雪を多数の種類に分節化します（※8）。雪の種類が先にあるのではなくて、人間が言葉で世界を切り分けていたのですね。

ところで、この「一般言語学講義」に示された言語論の影響下で大きく発展をとげた理論があることを知っていますか？　なんと、この理論が、後に実存主義にとってかわって大流行した構造主義（※9）という考え方なのです。つまりソシュールの「一般言語学講義」を知って、構造主義という言葉を知らないのは、それはまさに駅前に駐輪しておいた自分の大切な自転車の前のカゴの中に、空き缶とか新聞紙や雑誌を詰め込まれてゴミ箱にされたのと同じくらいせつないことです。

では、構造主義とは一体なんなのでしょうか……。

4
駅弁の多様化と構造主義

構造主義。きわめて乱暴にいえばこうである。

「本質など無い
あるのは物事の間の無意識的な関係だけである」

さっぱりわからないので再び駅弁を例にとって説明しよう。

例えば、ここにAさんBさんという2人の駅弁屋さんがいるとしよう。どちらも作っているのはすきやき弁当。2人は自分の弁当を名物駅弁にしようと努力を重ねていた。

まずAさんの方は、いい肉を使い、ひたすらすきやき弁当の味だけを追求。こうして完成したすきやき弁当は、確かにとてもおいしい弁当だった。しかし全国を代表する名物駅弁にはならなかった。どうしてなのか？　そう実はすきやき弁当は、全国の駅に山ほど存在していたからなのだ。

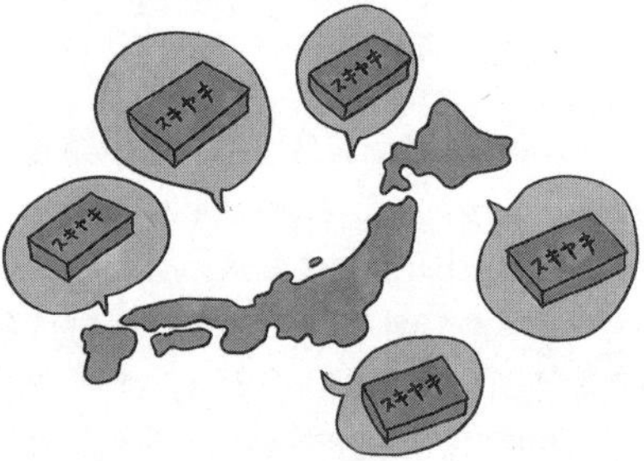

しかし、それらのすきやき弁当は、全部同じ物だったのだろうか。いや、パッケージや味付けや肉の質などすべて違っていたはずである。なのになぜ同じすきやき弁当という枠でくくれるのだろうか？　それは、構造主義によれば、「構造」とは要素と要素の関係からなる全体のことで、変換しながら不変なもの。これを弁当でいえば、すきやきの要素である牛肉、砂糖・醤油の味付け、鍋で煮ること、卵で食すなどなどが、いろんなすきやき弁当によって微妙に違っているにもかかわらず、すきやき弁当の世界の関係性は変わらない。

つまり、個々人が意識せずとも、全体の関係＝構造としてのすきやき弁当があるのだ。

それでは、この構造分析を応用して、新しいすきやき弁当を作るにはどうしたらよいのだろう？

そこでまず、すきやき弁当はこうでなきゃならない！　という考え方を捨てなければならない。つまり、すきやき弁当の本質というものはなく、弁当同士の関係しかないのだ。だから、ちょっとしたズレ（差異）によってまだまだ新しい弁当ができるのであり、なおかつそれはすきやき弁当の構造に収まることができる。

というわけで、Bさんは今までにないすきやき弁当ができないかと全国の駅を歩きまわり、すきやき弁当のデータを収集。すると、こんな調査結果がはじき出された。それは、店で食べるすきやきのようにアツアツなすきやき弁当はない、ということであった。

喩えていうなら、これは、昭和62年3月、新神戸駅で売り出された「アッチッチすきやき弁当」である。ひもを引っ張るとアツアツになるこの駅弁。今でこそこの手の駅弁は増えたが、当時は走りということもあって「アッチッチすきやき弁当」はあっという間に名物駅弁となったのである。

このように、すきやき弁当はこれしかないと頑固にこだわったため失敗したAさん。それに対して、弁当同士の関係性を把握し、マーケティングによって成功したBさん。言葉を仕切り直すことで、新しい世界が広がる。まさに、構造主義的な応用例だったといえよう。

そのような構造主義的発想によって生まれた駅弁というのは言い過ぎかもしれないが、ご存知、横川駅の峠の釜めしがそれっぽい。昭和33年に横川駅で誕生したこの駅弁。当時は駅弁といえば紙や木の箱に入ったのが常識という中、全国で始めて陶器を使用。その珍しさのおかげで、まさに国民的駅弁に成長した。器だけでなく、もちろん味も最高である。

そしてこちらもご存知、森駅の「いかめし（※10）」。これはデパートの駅弁大会でも必ず上位に食い込む人気駅弁でもある。しかし実際は、いかの中にご飯が詰めてあるだけというとてもシンプルなもの。ところが、そのアイデアは他の駅弁との差別化を果たしたのである。

このように今や駅弁の種類は全国で3000種類ともいわれている。現在、我々がこんなにいろいろな駅弁を楽しめるのも、ソシュールのおかげ……なわけはないものの、今度駅弁を食べる時は、言葉（記号）の魔法に思いをはせながら食してみることをオススメしたい。

と　ころで、ソシュールは妙な研究をしていました。それは、なんと火星語！　そして、この火星語を知らずしてソシュールを語るというのは、めし抜きのイカめしのようなもの。ソシュールと火星語。それはイカめしにおけるイカと飯のように、切り離しがたいつながりがありました。

5

ソシュールと火星語

ソシュールがジュネーブ大学でおこなった言語学の講義をまとめた「一般言語学講義」。ところが、ソシュールは自分の講義の内容をいかなる形であれ世間に発表することを拒んでいたのである。それにもかかわらず、弟子たちはソシュールの死後、そのあまりの素晴らしさに講義の内容をまとめて出版したのだ。そう「一般言語学講義」とはソシュールにとっては海賊版のようなものだったのである。

では、なぜソシュールは講義の内容を発表することを拒んだのか？　真の理由はソシュール以外に知るよしもない。しかし、ここでは、大胆な仮説によって説明してみよう。実は、それはひとりの女性との出会いが関係していると考えられるのである。

時は1890年。その頃のソシュールは妻であるマリーとの不仲が絶えず、さらにアルコール中毒症にまでおかされ、人と関わることを避け、自宅にひとり、ひきこもりがちだった。そんな時彼はひとりの女性霊媒師に出会った。そしてそのエレーナ・スミスというその女性はしばしば火星人の霊を自分の体に降臨させ、火星語を話すことがあったという。

そしてそれから、ソシュールは現実から逃げるかのように火星語の研究に夢中になったが、結局何の発見もなく終わったといわれている。

しかし、その話が事実なら「一般言語学講義」の思想は、火星語の研究と何らかの関係があるのではないだろうか？ そう、火星人は火星語によって世界を分節し、地球人は地球語で世界を分節する。だから、火星人と地球人は違う世界に住んでいる。つまり火星人こそ「一般言語学講義」の生みの親といえるのである（そんなわけないか……）。

言葉が世界を切り分ける。ソシュールの世界は地球上だけでは飽き足らず、ついには宇宙にまで広がってしまったのかもしれない。

「言葉によって名づけられる前に物や観念は存在しない」。言葉を増やせば世界が広がる。もしあなたが人生の選択肢の少なさを感じているのでしたら、この本をぜひともオススメします。特に彼女ができないで悩んでいるあなた！ ぜひ、口説き文句のシニフィアンとシニフィエについて研究してみてはいかがでしょうか？

それでは、このへんで★※◎□★※◎□……（火星語）。

注釈コーナー

※1　元ちとせ
(はじめ ちとせ 1979～)
奄美大島出身の歌手。2002年2月、メジャーデビュー・シングル「ワダツミの木」が大ヒット。奄美大島の島唄の技法でもある、こぶしや裏声を多用する歌い方が特徴。

※2　峠の釜めし
JR信越本線、横川駅などで売られている駅弁「峠の釜めし」のこと。薄味のついたご飯の上には鶏肉、タケノコ、シイタケ、きんぴら、アンズ、栗、ウズラの卵がのっている。特徴的な陶器の器に目がいきがちであるが、2種類の銘柄米を混ぜ自家精米してるなど、美味しさへのこだわりも見逃せない。

※3　ますのすし
JR北陸本線、富山駅などで売られている駅弁「ますのすし」のこと。富山の名産・マスの押し寿司だが、これを駅弁にして全国区へと広めたのが、この弁当だといわれている。

※4　ひっぱりだこ飯
JR山陽新幹線、西明石駅などで売られている駅弁「ひっぱりだこ飯」のこと。タコ壺風の陶器が目印。

※5　おにぎり弁当
日本で初めての駅弁といわれている「おにぎり弁当」。これは東京都お台場の商業施設「デックス東京ビーチ」内、「台場一丁目商店街」にて、「復刻 日本はじめて駅弁(おにぎり弁当)」として、駅弁立売で販売されたことがある。しかし現在は販売終了。

※6　シニフィアン(signifiant)とシニフィエ(signifié)
言葉(記号)は、感覚に訴える表現部シニフィアン(signifiant)と、記号の意味内容、概念を表現するシニフィエ(signifié)とから成っている。コインの裏側だけ使って表は使わないなどということが無理であるように、音・文字(シニフィアン)とその意味(シニフィエ)は切り離すことができない。ただ、これらは心的なものであるから、シニフィエと現実の対象とは同じものではない。言葉はシニフィアンとシニフィエが結合しただけで、事物と結びついているのではないのだ。
ということは、外の世界がどうなっているかはさておいて、私たちはシニフィアンとシニフィエというメガネを通してしか世界について考えることができない。言葉が世界を切り分けていくのであってその逆ではないのだ。

※7　多数の種類に分節化している
日本人は「蝶」と「蛾」を区別するが、フランス人は両者を「パピヨン」として表現する。ということは、日本人の「蛾」と「蝶」の違いという感覚は、フランス人にはないことになる。

※8　エスキモーは雪を多数の種類に分節化します

日本人にとっての雪は淡雪、ぼた雪、細雪などですが、エスキモーは雪を多数の種類に分節化している。言語が現実世界を切り分けるのであって、その逆ではなかったのです。

※9　構造主義

1960年代に、フランスを中心として人間諸科学全体にまたがって展開された思想の潮流。構造主義の源は、スイスの言語学者ソシュールがとなえた構造言語学にある。彼は言語をその表層的な意味によってではなく、より深層にかくされた不変的な意味すなわち構造によって記号的にとらえようとした。その後ヤコブソンらにひきつがれた、構造としてものごとをとらえるこの方法は、フランスの人類学者レヴィ・ストロースによって人類学に適用されて大反響をよび、多くの思想家に大きな影響をあたえることになった。

この構造主義における構造概念の特徴は、構造を事物の自然的関係ではなく、むしろ事物が、それによってほかのものから区別されて出現することになる差異の体系とみなし、そのような構造が人間の社会的・歴史的実践において無意識のうちにはたらいていると考える点にある。

※10　いかめし

JR函館本線、森駅で売られている駅弁「いかめし」のこと。小ぶりのイカに、餅米とうるち米を混ぜた米を詰め、醤油とザラメのタレで煮たシンプルなもの。しかしその人気は、デパートの駅弁大会などでも常に上位キープしているほどである。

蘊蓄コーナー

例えば「右」という言葉には、その「右」という概念を形成する物体がない。つまり「右」を規定するには「左の反対」というしかないのである。そしてあらゆる語が、このような他の語との差異により規定されるとソシュールは考えた。そしてこの言葉の意味は差異によって決まるという考えが構造主義の誕生へとつながったのである。

ドストエフスキー

ロシアの小説家。1821年11月、慈善病院の医師の息子としてモスクワに生まれる。17歳で工兵士官学校へ入学し、卒業後に作家を決意。「貧しき人々」(1846)と「二重人格」(1846)を執筆した後、革命家グループに参加。1849年逮捕され、死刑を宣告された。死刑執行予定時刻直前に特赦が下され、シベリア送りとなり、重労働の刑が宣告された。10年後にモスクワに戻り「地下室の手記」(1864)を書く。この作品が芸術的、思想的転機となり、以降「罪と罰」(1866)、「白痴」(1868)、「悪霊」(1871〜1872)、「カラマーゾフの兄弟」(1879〜1880)などの大作を残した。

10

第10冊
お笑い芸人で読み解く
ドストエフスキーの「罪と罰」

Fyodor Mikhailovich Dostoevskii

1821–1881

高利貸しのアリョーナ・イワーノヴナを殺害する、貧しい大学生ロジオン・ロマーヌイチ・ラスコーリニコフ。彼を慕う心美しい娼婦ソフィア・セミョーノヴナ・マルメラードワ……と、登場人物のごくごく一部を紹介した時点で物語を見失いそうなあなた、あきらめるのはまだ早い！ 知名度、厚さ、難解度、まさに「お厚いのがお好き？」のために用意されたとしか思えない本作を、藤子・F・不二雄は読破したけどドストエフスキーはちょっと……という方も安心の「お笑い芸人」に喩えて紹介します！

ドストエフスキーの世界的名作といえば？

ボケ「ああ、うわさの刑事の……」（はい、あなた、つっこんで！）

ツッコミ「それは『トミーとマツ』！」

ボケ「そうか、あの猫とネズミがケンカした……」（はい、つっこんで！）

ツッコミ「それは『トムとジェリー！』

ボケ「知ってる知ってる。よく定食屋に置いてあるマンガの……」（はい、つっこんで！　つっこんで！）

ツッコミ「それは『バツ・アンド・テリー』！」

みなさん、よくわかりましたね。お見事！

と、ここで紹介するとっておきの一冊は、ドストエフスキーの「罪と罰」。ここまでつっこめたあなたは、もう「罪と罰」を理解する準備が十分にできています。さあ、私と一緒に、勇気を出してこのお厚い本を開いてみましょう。

1

「罪と罰」ってどんな本？

というわけで、あなたは恐らく「罪と罰」を誤解している。例えば、丸の内のOLにこんな質問をしてみたところ、

なんか難しそう	24人
なんか暗そう	2人
なんか重たそう	1人
なにそれ？	1人

と答えたのである。

確かに、この「罪と罰」は岩波文庫版で上中下巻合わせて1209ページ、新潮文庫版で上下巻合わせて990ページと、とてつもなくぶ厚い代物である。

しかし、そのあらすじはたった5秒で説明できてしまうのだ。

いいですか？　いきますよ。

スタート！

「大学を中退した（1秒）

↓

貧しい青年が、（2秒）

↓

とってもケチな質屋のお婆さんを（3秒）

↓

殺害してしまう。（4秒）

↓

終わり」（5秒）

ホントです。ウソじゃありません。

え？　そんな単純な話が、なんでこんなブ厚いのかって？　そう、実はこの本には、ロマンスや越後屋も顔負けの悪の陰謀などなど、ワクワク、ハラハラ、ドキドキが、ふんだんに盛り込まれているからである。

そんな「罪と罰」を書いたロシアの文豪、ドストエフスキー。そのいかめしい風貌に似合わず、大のギャンブル好きだったという彼。旅先でルーレットにはまってすっからかんになってしまい、何とかお金を前借りしようと執筆を始めたのが、何を隠そう「罪と罰」だったのである。

このようにして今からおよそ140年前、月刊文芸政治誌「ロシア報知」に連載されたこの作品。それは現代でいうなら、まさに、月刊文芸誌「オール讀物」で読む西村京太郎の十津川警部シリーズ（※1）最新作のようなもの。そう「罪と罰」は、誰もが楽しめ、続きが読みたくなってしまうように書かれた、究極のエンタテインメント小説だったのである。

2

「殺人の動機」と「つっこみ」

「もう一刻の猶予もならなかった。
彼は斧を取り出すと、両手で振りかざし、
辛うじて意識を保ちながら、ほとんど力も入れず
機械的に、斧の背を老婆の頭に振り降ろした」

「罪と罰」の主人公ラスコーリニコフはこうやって質屋の老婆を殺害する。しかし、彼はどうしてこんな恐ろしい犯罪をしでかしてしまったのだろうか。なんと老婆殺しの動機を読み解く鍵は、意外なところにあったのである。それは、「なんでやねん」（笑）という、お笑いには欠かせないつっこみ。そのつっこみにこそ、事件の真相は隠されていたのである……。

ケチだと評判の、金貸しの老婆を殺害してしまった貧しい青年ラスコーリニコフ。実は彼、こんな考えに取りつかれていたのである。

「すべての人間は凡人と非凡人に分かれる。
凡人は服従を旨として生きなければならない。
ところが非凡人はあらゆる犯罪を
おこなう権利を持っている」

な、なんと恐ろしい考えだろうか。それでは、この非凡人とは一体どんな人のことなのか？

いうならばそれは、華麗なるつっこみが魅力のダウンタウンのハマちゃん（※2）。そのつっこみは、たとえ相手が中尾彬、菅原文太、長渕剛（※3）といった超大物であろうとも、ひるむことはない。

しかし、それと同じことを凡人である我々素人がやってしまうと、当然命の保証はない。

もうおわかりだろう。大物の頭をはたくといった一線を越えたつっこみは、凡人には決して許されない。しかし、芸人である彼らは、世の人々を笑わすためなら、その一線を踏み越えることが許されてしまうのだ。

これこそ、主人公ラスコーリニコフの抱いた殺人の動機に他ならない。自らを非凡人と信じた彼は、学費も払えない自分のために結婚を決意した妹を救うためなら、そして大学で勉強を続けていつの日か貧しい人々を救うためなら、金貸しの老婆から金を奪っても許される。殺人という一線を踏み越えても罪にはならない、そう考えたのである。

しかし、

犯行後のラスコーリニコフを襲ったのは
激しい心の動揺だった。

それはまるで「今日は無礼講で」という社長のスピーチを真に受け、酔った勢いで散々つっこんだはいいが、翌日から青ざめた人生を送る、そんな素人と瓜二つ。

そう。ラスコーリニコフは決して
非凡人などではなく、ただの凡人だったのである。

そんな彼の姿を通し、ドストエフスキーが伝えたかったメッセージ。それこそ現代の日本においてハマちゃんのような一流芸人には簡単にはなれない、という事実と相通じるのである。

3

「罪と罰」が面白くなるウラ技（※4）

いきなりだが、あなたはトンカツのおいしい食べ方を知っているだろうか。それは、決して端っこから食べないこと。この端っこの部分、お肉的にはほぼ脂身。そんな脂身から口にしたのでは、もう口の中がギットギトになってしまって、せっかくのお肉の味が台無しになってしまう。したがって、トンカツを食べる時は必ず大胆に真ん中から！　すると、ウ～ン、ハラショー！　と、たったこれだけのことでトンカツの味が何倍もおいしくなってしまうように、小説「罪と罰」にも、知っているだけでその面白さが何倍にもなるちょっとしたウラ技があったのだ。

そこで、まず登場人物の名前について。

主人公のラスコーリニコフをはじめ、セミョーン・ザハールイチ・マルメラードフ、ピョートル・ペトローヴィチ・ルージンなどなど、「罪と罰」に登場する人物の名前は非常にややこしい。しかし、彼らの名前にはある秘密が隠されていたのだ。

例えば、主人公をジリジリと追いつめる古畑任三郎ばりの頭脳派検事、ポルフィーリィ。これは皇帝の衣服を意味するロシア語ポルフィーラをもじってつけられた名前、つまり日本風にいうなら、国尾治（くにおおさむ）といったところであろうか。

さらに神を深く信じ、主人公の心の支えとなるヒロイン、ソフィア。実はソフィアとは神の叡智をあらわす言葉。つまり日本風にいうなら、神野知恵子さんとなる。

これと同じく、なんと主人公のラスコーリニコフも、割り裂くという意味のラスコローチをもじって名前がつけられている。日本風にいうなら切崎割男とでもいうべき名前だったのである。

もうおわかりだろう。ドストエフスキーはロシア語さえ知っていれば、まるで「ドラえもん」を読むのと同じくらいわかりやすい名前を登場人物たちにつけていたのだ。

そんな「罪と罰」を楽しむためのちょっとしたウラ技、その1。それは「ロシア語講座を聴くべし」。

ちなみに主人公ラスコーリニコフのフルネームはロジオン・ロマーヌイチ・ラスコーリニコフ。そのイニシャルはロシア語で書いたものをひっくりかえしてみると、なんと恐ろしいことに666という数字が現れたではないか。実はこれ、キリスト教において悪魔を指す数とされ、人々に恐れられてきた数字。そう、ドストエフスキーは、名前に666の数字をしのばせることで、主人公が背負った恐ろしい運命を暗示していたのである。

このように「罪と罰」の中にはキリスト教に詳しければより楽しめる仕掛けが無数にちりばめられているのだ。つまり「罪と罰」を楽しむためのちょっとしたウラ技、その2は「教会に通うべし」ということ。

このようにこんな簡単なウラ技で、「罪と罰」の面白さが何倍にもアップすること間違いなし。さっそくあなたも試してみてはいかがだろうか。

4
ドストエフスキーの意外な過去

そんなドストエフスキーの「罪と罰」。確かに究極のエンターテインメント小説といえるだろう。しかし、その奥には、実に深いテーマが隠されていたのである。

では、そのテーマとは一体なんだったのか？

そこで、さっきの続きから。「貧しさに苦しむ人々を救うため」と素朴に信じて金貸しの老婆を殺害したラスコーリニコフ。しかし、その直後彼を襲ったのは激しい心の動揺だった。そんなある日、彼が出会ったのは貧しさゆえに身体を売っ

て働く少女ソフィア。その心の美しさにうたれたラスコーリニコフは彼女に罪の告白をする。

**「僕だって、人びとに善をもたらそうとしたんだ。
幾百、幾千という善行ができるはずだったんだ。
ぼくにはまるっきりわからないんだ。
なぜ爆弾や、包囲攻撃で人を殺すほうが、
より高級な形式なんだい?」**

一体何が善で、何が罪なのか? 多くの疑問を抱えたラスコーリニコフにソフィアが勧めたのは、警察に罪を打ち明けることだった。一部の貴族が財産を貯え、庶民が貧困に苦しんでいた150年前のロシア。ドストエフスキーは小説を執筆するかたわら、過酷な労働に苦しんでいた農民たちを解放するための革命運動に加わっていた。しかし、政府の厳しい取り締まりによってドストエフスキーは逮捕されてしまう。懲役4年。送られたのは極寒の地シベリア。貧しい農民たちのためという、そんな思いの果てに待っていたのは、そこでの地獄の重労働だった。一体何が善で、何か罪なのか? それはこの本を書く15年前、シベリアの地でドストエフスキーが抱いた思いに他ならなかった。

そう「罪と罰」とは、多くの矛盾が渦巻く社会にドストエフスキーが投げかけた「なんでやねん！」という、

深く鋭いつっこみだったのである。

「あぁ、私ってなんて不幸なの」とお嘆きのあなたに、こんな言葉をこの章の最後にお伝えしましょう。

「人間には、幸福の他に、それと同じだけの不幸が必要である」

果たして主人公ラスコーリニコフは警察へ向かうのでしょうか？ そして彼の魂は救われるのでしょうか？ 感動のラストシーンはぜひともあなた自身の目で確かめてみてください。

注釈コーナー

※1　西村京太郎の十津川警部シリーズ
トラベルミステリーで知られる西村京太郎の人気シリーズ。そんな十津川警部の記念すべき初登場作品は「赤い帆船（クルーザー）」である。ちなみに湯河原には西村京太郎記念館がある。

※2　ダウンタウンのハマちゃん
（浜田雅功　はまだ まさとし　1963〜）
1982年4月にコンビの結成をしたダウンタウン。メンバーは浜田雅功と松本人志の2人。ハマちゃんとは、浜田雅功のこと。

※3　中尾彬、菅原文太、長渕剛
つまり超〜大物ということ。

※4 「罪と罰」が面白くなるウラ技の内容は、江川卓・著「謎解き『罪と罰』」（新潮社）をベースにしています。興味のある方は、こちらもぜひ読んでみよう！

蘊蓄コーナー

ドストエフスキーは、ロシア文学史上、最初の職業作家（専業作家）といわれている。

手塚治虫の初期のマンガ「罪と罰」（講談社）は、小説のエンディングと違うので要注意。ちなみに「ナニワ金融道」で知られるマンガ家・青木雄二も愛読者であり、「ドストエフスキー『罪と罰』青木雄二の世界文学講座」（講談社）という解説本を出している。そして「ナニワ金融道」のルーツこそ、この「罪と罰」であるとも語っている。

キリスト教圏で、13日の金曜日が不吉とされる理由。それは、イエスが十字架に張りつけにされたのが金曜日と伝えられ、その前夜、弟子たちとの最後の晩餐は総勢13人だったかららしい。決して、ホッケーマスクをつけた大男がキャンプ場で男女をメッタ切りしたりするから不吉なわけではなかったのだ。そして「罪と罰」と不吉な13という数字も無縁ではない。なんと、「罪と罰」は、13日間の出来事を描いた作品だったのである。しかも、何をかくそう「ゴルゴ13」の13もそこからとられた数字なのだ。「ゴルゴダの丘で、イエス・キリストに茨の冠をかぶせて殺した13番目の男」という意味らしい。

ひと目でわかるお厚い哲学の流れ

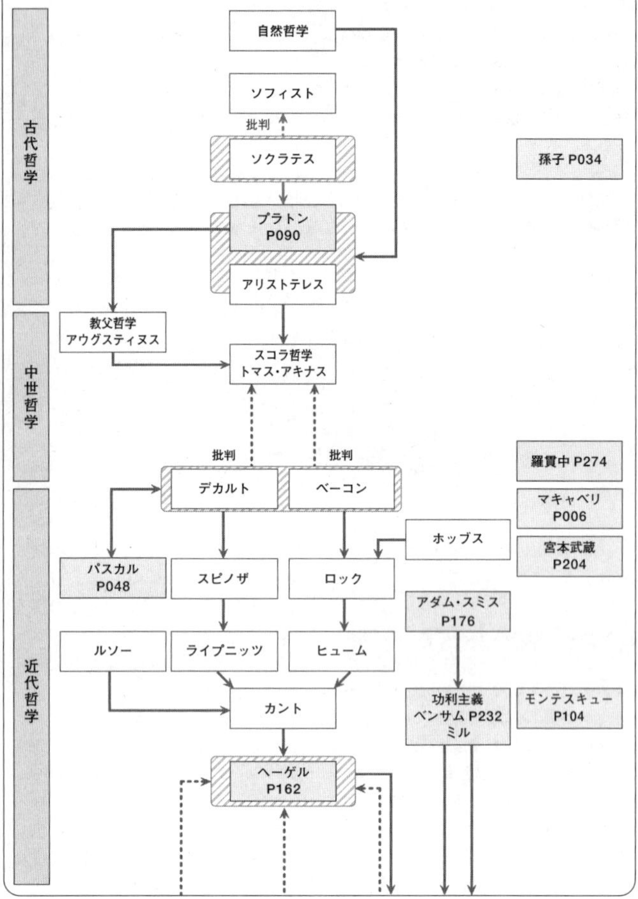
古代哲学
中世哲学
近代哲学
自然哲学
ソフィスト
批判
ソクラテス
プラトン P090
アリストテレス
教父哲学 アウグスティヌス
スコラ哲学 トマス・アキナス
批判
批判
デカルト
ベーコン
ホッブス
パスカル P048
スピノザ
ロック
ルソー
ライプニッツ
ヒューム
カント
ヘーゲル P162
アダム・スミス P176
功利主義 ベンサム P232 ミル
孫子 P034
羅貫中 P274
マキャベリ P006
宮本武蔵 P204
モンテスキュー P104

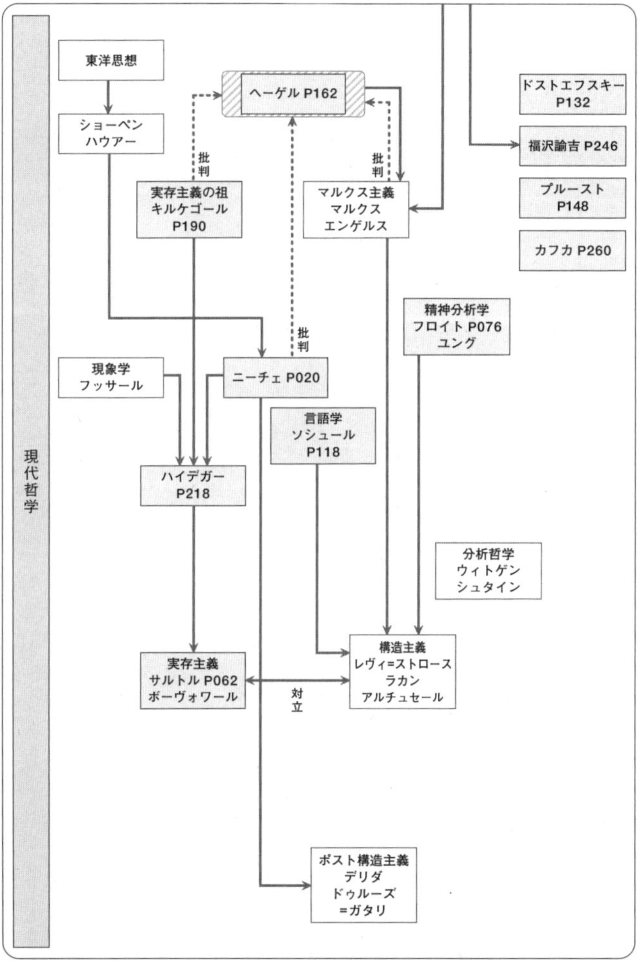

現代哲学
東洋思想
ショーペンハウアー
ヘーゲル P162
批判
実存主義の祖
キルケゴール
P190
批判
マルクス主義
マルクス
エンゲルス
ドストエフスキー
P132
福沢諭吉 P246
プルースト
P148
カフカ P260
精神分析学
フロイト P076
ユング
批判
現象学
フッサール
ニーチェ P020
言語学
ソシュール
P118
ハイデガー
P218
分析哲学
ウィトゲンシュタイン
構造主義
レヴィ=ストロース
ラカン
アルチュセール
実存主義
サルトル P062
ボーヴォワール
対立
ポスト構造主義
デリダ
ドゥルーズ
=ガタリ

マルセル・プルースト

フランスの小説家。幼い頃から喘息に苦しむ。パリ大学法科入学後、社交界や文学サロンに出入りし、短文集やラスキンの翻訳など文学的模索を続けた。そして1905年の母の死が転機となり、後に文学史上最も偉大な作品のひとつに挙げられる「失われた時を求めて」(1913〜1927)を構想。死の数日前まで執筆を続けた。

11

第11冊
日光金谷ホテルで読み解く
プルーストの
「失われた時を求めて」

Marcel Proust

1871-1922

初夏の陽射しの昼下がり、オープンエアーのお洒落なカフェでマドレーヌを食べながら、時折眉間に皺を寄せつつ、倦怠感を漂わせてプルーストの「失われた時を求めて」を読む一人の男……なんて光景を見たら、文学少女は一瞬にして恋に落ちるのではないだろうか? が、しかし、本当にプルーストを読むつもりなら、貴兄はオープンエアーのカフェの椅子に雪が降り積もる頃まで座り続けることになるかもしれない。それほどこの本は長大な小説なのである。

私の独自の調査によりますと、世界が不景気になればなるほど、プルーストの「失われた時を求めて」が飛ぶように売れるというデータが確認されています。まあ、この本がNHK大河ドラマの原作として使われるのは、もはや時間の問題でしょう。

もちろんあなたもプルーストをご存じですよね？ え？ プルーストなんて全然知らないし、「失われた時を求めて」なんて全然読む気になれない？

でも大丈夫です。この章では、あなたのリゾート気分を盛り上げながら「失われた時を求めて」をやさしく読み解いてさしあげます。

1

「失われた時を求めて」はどんな本？

ヨーロッパではこういわれている。

「マルセル・プルーストの『失われた時を求めて』を読まずして、小説家を志す者はいない」と。

例えば、フランスの大哲学者サルトル（本書62ページ参照）も、この本の愛読者。そしてその内容に衝撃を受け、サルトル自身も小説家デビューを果たしたほどである。そんな彼のデビュー作「嘔吐（※1）」は、「失われた時を求めて」のパロディー版であり、つまりサルトルはもろにプルーストの影響を受けていたことがわかる。さらに小説家ボーヴォワールもプルーストを大絶賛。なんと、サルトルとボーヴォワール、カップルそろってプルーストの大ファンだったのである。

それでは、そんな小説家たちの愛読書「失われた時を求めて」とは、一体どのような本なのであろうか? それは一言でいうと、「とってもなが〜い小説(※2)」となる。

何しろプルーストは38歳の時に筆をとり、51歳で死ぬまでの13年間ただひたすらこの小説を書き続けたのである。そんなプルーストの集大成「失われた時を求めて」は、現在出版されている翻訳本で、なんとページ数5829ページ。日本を代表する長編小説、源氏物語よりはるかに長い物語なのである。

さらに、この本の登場人物は2000人以上。しかも名前が覚えにくい。

図々しい娘のアルベルチーヌ・シモネ。とっても社交的なヴィルパリジ侯爵夫人。娼婦のオデット・ド・クレシーと舌を噛みそうな名前が2337人も登場し、その読みにくさに、拍車をかけていると思われてもいたしかたない。

こうした難解さから、その当時プルーストの小説を本にしてくれる出版社はどこにもなく、プルーストは自費出版を余儀なくされるのであった。

このように、長くて読みにくいこの小説の読破にチャレンジするあなたに、これだけは伝えておこう。そう、

この本を読破しようと思うなら1年はかかるということ。

えっ？　そんなの絶対無理と、怖じ気づいてしまったあなた。しかし、あきらめるのはまだ早い。読むと1年かかるこの小説を、ここでは特別に76字に要約してさしあげよう。それは、

「主人公の青年が、
自分の人生に大きな不安を抱きながら生きている。
しかしある日のこと。不揃いの敷石につまずいた瞬間、
小説を書いてみようと思った。おしまい」

ほら、だんだん興味がわいてきたはず。そうあなたは、もう、この小説を読まずにはいられない……。

みなさん。「失われた時を求めて」のあらすじだけは、ご理解いただけたかと思います。1年間読み続けて「たったそれだけかい！」とつっこみたくなる気持ちはよ〜くわかります。しかし、これは単にストーリーを面白がるという小説ではありません。ストーリー重視の小説は19世紀に流行った小説のスタイルでした。しかし20世紀に入ると、人間の意識を描写するという要素が加わったのです。

とまあ、「失われた時を求めて」はまさにその最先端を行く斬新な小説でした。そして、その中にはひとつの重要なキーワードがありました。それは

「無意志的記憶」（※3）

です。そんな、プルーストを語る上、欠かすことのできない、この無意志的記憶とは一体何なのか？　日本最古のリゾートホテル「日光金谷ホテル」（※4）を例にとって、わかりやす〜くご説明いたしましょう。

2

無意志的記憶とは何？

「無意志的記憶」。このキーワードさえ理解できれば、「失われた時を求めて」の表紙を開かずとも読んだも同然。ではこの一見こむずかしい言葉は、果たしてどのような意味なのだろうか？

それをここにいる一人の女性が解き明かしてくれる。井上槇子、旧姓金谷槇子。そう、金谷ホテル創業者、金谷善一郎のひ孫にあたる人物である。

日光に生まれ、蝶よ花よとかわいがられながら、金谷ホテルで育った彼女。中学生の時に日光を離れ、東京へ上京。その後私立学校「自由の森学園」の事務局員と

して学校教育の道を歩み続けることになった。

ところが2001年春、突然彼女に白羽の矢が立ったのであった。それは「金谷の一族として金谷ホテルを継いでほしい」というもの。突然そんなことをいわれても、彼女にしてみればホテル経営など未知なる分野。とはいえ、断ることもできず、彼女は社長として経営の指揮を執ることになったのである。

そして、数カ月が経ったある日のこと。金谷ホテルの片隅に100年前からある蔵が、彼女の目に止まった。それは40年以上も開けられていない古い蔵。ちょっとした好奇心から彼女がその蔵を開けてみると、子供の頃に使っていた食器が出てきたのである。その食器に触れた瞬間、彼女の意識の奥底に眠っていた時間が巻き戻された。

井上槇子氏、いわく

「その時に私のところに押し寄せてきた何かは、
とっても温かいものだった」

そして彼女は言葉にならないほどの幸福感に包まれ、このホテルを守り抜こうと決意を新たにしたのである。

このように、

あることをきっかけに、
ふいに過去の思い出や記憶がよみがえり、
それが深い喜びにつながってゆく。

まさにこれこそが、プルーストが小説の中でひとつの軸とした

「無意志的記憶」

に他ならないのだ。

ちなみに「無意志的記憶」によって、金谷ホテルの経営に本腰を入れた井上槇子は、金谷の歴史をテーマにしたクラシックディナー・コースを考案。明治、大正、昭和と各時代の人気メニューをひとつのディナーに組み込んだこのコースは、金谷ホテルの大ヒット企画になったのである。

「無意志的記憶」。ご理解いただけたと思います。きっとあなたにもこういう経験があるはずです。まぁ、私の場合は、銀色のお皿の上にのったケチャップ味のナポリタン、あるいはクリームソーダの上の真っ赤なサクランボ。他にはアイスクリームについたサクサクのウエハース(時代がわかる……)。
そういうものによって幼い頃の記憶がよみがえってくることがあります。少々話が遠回りにすぎました。ここでプルーストに話をもどしましょう。「無意志的記憶」を充分に理解した上で、「失われた時を求めて」の本質に迫ろうではありませんか。

3

「失われた時を求めて」の内容は?

「失われた時を求めて」は、こういう書き出しで始まる。

「長い時にわたって『私』は早くから寝たものだ」

何の説明もないまま登場する、この「私」という主人公は、名前も年齢も明かされない架空の人物。
でありながら、それはプルースト自身に極めて良く似た人物像であった。その共通点は、子供の頃から病弱で、マザコンであるということ。そして幼い頃から読書好きで、次第に小説家になりたいと思い始めること。まさにプルーストの分身ともいえる「私」の人生をつづった物語。それが「失われた時を求めて」なのである。

さて、その内容はというと。

寒い冬のある日、震えながら家に帰ってくると、母が熱い紅茶とマドレーヌを出してくれる。それを口にした瞬間、私は不意にすばらしい快感に襲われ、なぜか幸福で満たされたような気持ちになる。それは幼い日の記憶に通じていたのであった。

かつて叔母が紅茶とマドレーヌ（※5）を出してくれたことがあり、それを思い出したとたん、私の心に閉じ込められていた幼い日の記憶や感覚が一気にあふれだし、力強い喜びを感じたのである。

さらに自分に文学の才能がないということを悟り絶望の極地にいる私。しかしある日、私は知人のパーティーに向かう途中で敷石につまずく。その瞬間、再びあのマドレーヌの時のような快感に襲われるのである。それはかつて、ベネチアの大聖堂の入り口でつまずいたあの記憶。芸術に触れた時の幸せな気持ちなのであった。

そして私はその時決意する。

時をテーマにした小説を書くのだと！

主人公の「無意志的記憶」による幼年時代の回想にはじまり、いろいろな体験をして、ラストに作品創造の根拠を発見する。これは、主人公が小説を書くことこそ「私の天職なんだ～！」ということを見出すストーリー。小説の形で「小説ってすごいんだよ」と訴えかけた形式を持つこの作品は、まさに自分で自分のことを「うまい」といっている「うまい棒」のようなものなのです。

4

プルーストの思想とは?

そんな、プルーストの「失われた時を求めて」には、実はちょっとした秘密がある。それはあまりにも長〜い小説のため、なんとプルーストは全編出版される前にこの世を去ってしまったということ。

そう、この「失われた時を求めて」全7編(※6)のうち、プルースト自身が出版したのは第4編まで。そして残りの3編は、プルーストの弟であるロベールが兄の意志を継いで出版したものだったのである。

そんな長大な作品の中で、プルーストが伝えたかったこととは一体何だったのか?

それは——

**「作家が読者に提供する作品は
読者の内部のものを
はっきりと識別させる為の
光学機器である」**

これを言い換えると

「プルーストが読者に提供する作品は
読者の想像力や記憶を
はっきりさせる為の
促しである」

ということ。

つまり本とは読者の想像力や記憶を呼び覚ます夢のようなアイテムなのだということ。そしてこのプルーストの主張は、まさに日光金谷ホテルそのもの。創業1873年。クラシックが漂う館内に、一歩足を踏み入れた時に感じる懐かしいにおい。そこからよみがえってくる過去の記憶こそ、まさに「失われた時」。

同じく、あなたのちょっとした日常的体験がトリガーとなって、「無意志的記憶」が呼び覚まされるとき、あなたの心の中にあるあなただけの豪華な記憶のホテルに行き着く。

そう、プルーストの「失われた時を求めて」を読破することは、あなたの心のリゾートを満喫することなのだ。

プルーストの「失われた時を求めて」。なんとなく読んだ気になれたと思います。もし、あなたがその気になったら、ぜひ今から読み始めてみてください。まあ、あなたの読書が順調に進めば、来年の今日あたりには読破できると思います。

そうそう、例えばあなたが今お読みのこの本、「お厚いのがお好き？」で、好きな人に一発おもいっきりはたいてもらっておくとよいでしょう。そうすれば、あなたは、この本の表紙を見るたびに、彼女についての「無意志的記憶」を想起することができるのですから……。

ああ、付け加えておきますと、一説によると、同じ「無意志的記憶」は何度も繰り返すと薄れていくという報告もあります。ほどほどにしましょう。

注釈コーナー

※1　嘔吐
サルトルの小説。主人公のロカンタンは、海岸で拾った小石や、カフェの店員のサスペンダーなど、何でもないものを見たときに、なぜか「吐き気」を感じる。あるとき公園に立っていたマロニエの木の根を見て、激しい「吐き気」を感じた。それは、「ものがある」こと（むき出しの実存）に対する「吐き気」だった。つまり、「何かがある」ということの根本的な不条理性を意味していたのである。

※2　とても長い小説
個人全訳で登場した、ちくま文庫版の「失われた時を求めて」は全10巻。そのページの合計はなんと5829ページである。

※3　無意志的記憶
プルーストは、哲学者ベルグソンを敬愛していた。ベルグソンの「生の哲学」を小説で表現したのが「失われた時を求めて」であるともいえる。ベルグソンは、時間を数直線的（空間的）にとらえる誤りを指摘し、リアルな時間としての「純粋持続」を説いた。そして、記憶には機械的な記憶と想い出的な記憶があることを指摘して、後者は脳から大きくはみ出した豊かなものだと考えた。プルーストは、過去が時間の中で失われても、意識の奥底にたくわえられていて、ささいなきっかけで引き起こされ、かつてのままの姿を意識の表面によみがえらせるという。彼はこれを喚起させることが、芸術の役割であると考えたのだ。

※4　日光金谷ホテル
創業が1873年（明治6年）という、日本最古のクラシックリゾートホテル。日本の建築美と西洋の家具や備品がとけ込んだクラシックホテルならではの雰囲気が漂い、明治の趣を今にとどめている。

「日光金谷ホテル」
住所：栃木県日光市上鉢石町1300番地
電話：0288-54-0001
http://www.kanayahotel.co.jp/

※5　紅茶とマドレーヌ
この紅茶にひたしたマドレーヌを口にした瞬間、過去の記憶が一度によみがえってくるという感動的な瞬間は、ちくま文庫版では74ページから登場する。なので、自分も同じ体験をと思う人は、そのページが近くなったら紅茶を入れ、マドレーヌを準備することをオススメする。

※6　全7編
1908年頃からひたすらこの「失われた時を求めて」の執筆に没頭したプルースト。しかし、もともと病弱の彼は、全7篇の長編の第4篇「ソドムとゴモラ」を出版したところで、1922年没してしまった。
以後の部分は、プルーストの弟・ロベールが遺稿にもとづき、死後に刊行したものである。

蘊蓄コーナー

1919年、「失われた時を求めて」の第二篇「花咲く乙女たちのかげに」がゴンクール賞を受賞した。これはフランスの最も権威ある文学賞エドモン=ゴンクールの遺言と遺産をもとに1896年にアカデミー・ゴンクールが創設され、毎年新人に授けられているという大変名誉な賞である。

プルーストは「失われた時を求めて」を執筆するにあたり、外部の物音を遮断するためコルク張りの部屋にこもり、昼夜逆転した生活をおこなっていたという

上品な趣味や、病弱な顔つきからもわかるように、まさに「お坊っちゃん」であったプルースト。ちなみに父はお医者さん、母はユダヤ人金融家の娘であった。

社交界に出入りしていた学生時代のプルースト。実は、他人の話ぶりを真似する話術家として知られていたという。そう、モノマネが得意だったのである。

とにかく膨大なこの小説。プルーストは、校正刷りの際にも、大幅な加筆、修正を加え、小説はさらに膨張していったという。この肉付け作業を、プルースト自身「余分の栄養」と呼んでいた。

「失われた時を求めて」のまったく新しかった点。それは、世の中の全体像を、自己の内面を掘り下げていく過程の中から描写していったところにある。つまり、この膨大な作品には、当時のフランス社会のあらゆる側面が描かれてもいるのである。そしてその社会の側面から感じたものから、主人公の自我が露見してくるのである。

ゲオルク・ヴィルヘルム・フリードリヒ・ヘーゲル

ドイツの哲学者。ハイデルベルグやベルリンで哲学の教授となり、弁証法的運動によって自己認識をあとづける形而上学の体系をなして有名になった。その著作「精神現象学」(1807)や「論理学」(1812〜1816)において、ダイナミズムによって普遍的な理性のプロセスを示そうとした。ドイツ観念論の体系的完成者である。

12

第12冊
ペットで読み解く ヘーゲルの「精神現象学」

Georg Wilhelm Friedrich Hegel

1770-1831

世界史を揺るがす大事件から、犬も食わない痴話喧嘩まで、さらには多くの人命を奪う大惨事から、足の小指を打つ程度の間抜けな失敗まで、とにかく世の中のありとあらゆる現象はテーゼ、アンチテーゼ、ジンテーゼの3つの要素の数珠つなぎで説明できるといい放った19世紀ドイツの哲学者ヘーゲル。彼の唱えた物事の捉え方「弁証法」は、後の思想家たちに多大な影響を与え、時代を動かす原動力となったといえるだろう。その弁証法を、ペット(犬)で喩えることにしてみました。

私の独自の調査によりますと、近頃、広告業界が

ヘーゲル

に大注目。まあ、ヘーゲルが出演するCMが登場すれば、CM好感度1位の座を獲得することはもはや時間の問題でしょう。

もちろんあなたも、ヘーゲルの

「精神現象学」

はご存知のことと……。あら、なんですかその落ち着きのない目は……。

そんな「精神現象学」。確かに難し気なタイトルです。でも安心してください。もし、あなたがかわいいペットが好きな人であれば、この本を理解するのは実はたやすいこと。

だって、あなた。かわいいペットとお厚いのがお好きでしょ?

1

精神現象学とは?

18世紀のドイツに生きたゲオルク・ヴィルヘルム・フリードリヒ・ヘーゲルは、それまでの近代哲学をまとめあげた存在である。その思想はあまりに完璧で、当時は「ヘーゲルの哲学以外に哲学はない」とまでいわしめた、なんともすご〜い人物。そんなヘーゲルの代表作「精神現象学」は、キルケゴールやニーチェ、サルトルやマルクスなど、そうそうたる哲学者たちにも影響を与えたほどである。

それではこの「精神現象学」を、現在ではどんな人たちが読んだらいいのであろうか?

それは、なかなか就職が決まらず、やけ酒を飲んでいる人……。

そして、一番の親友に彼を奪われ、やけ酒を飲んでいる人……。

さらに、息子の運動会で張り切って親子リレーに参加したにもかかわらず、ゴール直前で転倒してしまい、やけ酒を飲んでいる人などなど……。

と、つまり

「人生なかなかうまくいかないもんだなぁ」

と人生の矛盾を感じているあなたが読む本なのである。

なぜなら、この「精神現象学」、これは哲学の本でありながら、読めば元気がわいてくる、そう、人生の応援歌ともいえる1冊。いわば、島谷ひとみの歌う「元気を出して（※1）」のような本なのだ。

人生において、なかなか自分の思うようにいかない。まあ、誰しもこんな窮地に立たされたこともあると思います。そんな時のために、心強い呪文をひとつお教えしましょう。

それは、

「テーゼ！ アンチテーゼ！ ジンテーゼ！」

さあ、恥ずかしがらずに声に出してみましょう。きっと、「エコエコアザラク、エコエコザメラク」と唱えるのと、同じくらいの秘力（フォース）が身につくはずです。

しかし、この呪文を叫ぶだけでは何の意味もありません。実は「精神現象学」の柱であるこの呪文の意味を理解する必要があるのです。

では、

「テーゼ！ アンチテーゼ！ ジンテーゼ！」

とは一体何なのか？ この意味を理解する鍵は、なんとペットのダックスフンドくんの中にありました。

2

ヘーゲルの思想とは？

ヘーゲルが「精神現象学」で伝えたかった哲学とは？ それは——

「精神はテーゼ　アンチテーゼ　ジンテーゼを繰り返すことで発展して行く」

これを説明すると、

①(テーゼ(定立、即自):
これはこれと決まっている状態で、
まだ矛盾があらわになっていない安定の段階。

② アンチテーゼ(反定立、対自):
テーゼに対して矛盾が生じてきて、これはこれだと決めていたのが一面的な見方だったとわかってくる段階。

③ ジンテーゼ(総合、即自かつ対自):
テーゼとアンチテーゼを総合することによって、
新しいことがわかってくる段階。

これらを繰り返すことで、精神はさらに発展し、
最終的に本当のゴールに到達できる

ということなのである。

しかし、そんなこといわれてもピーンときません、と思った人がほとんどだろう。それではここで山口もえちゃんも大好きだというダックスフンド(※2)に喩えてみよう。

もともとダックスフンドは何の変哲もないダッケルという犬であった。しかし、テーゼ、アンチテーゼ、ジンテーゼで驚くべき進歩をとげたのである。

それまでは野うさぎ猟をなんなくこなしていたダッケル。この状態は何の矛盾もない

テーゼ(定立、即自)の段階

であった。

しかし、直径20センチのアナグマの巣穴には自分の身体が大きすぎて入ることはできない。ここで猟はしたいけどできないという矛盾がダッケルに生じる。これが

アンチテーゼ（反定立、対自）の段階

である。

そしてその対立矛盾を乗り越え、4種類の交配によりダッケルは見事胴長短足のダックスフンドにレベルアップ。これこそ矛盾を解決した

ジンテーゼ（総合、即自かつ対自）

の段階なのである。

ちなみにロングヘアダックスフンドもヘーゲルの哲学があてはまる。最初のダックスフンドは毛が短いため、水に濡れると体温が一気に奪われ、水鳥猟にはまったく不向き。ここで、猟はしたいけどできないという矛盾が発生する。

そこでダックスフンドは水に弱いという矛盾を解決し、見事長い体毛を持つ

ロングヘアダックスフンド

にレベルアップしたのである。

ちなみに、この3つのプロセスを踏む法則・原理を、ヘーゲルは弁証法（※3）と名付けたのであった。

その昔、岡本真夜(※4)も歌っていました。矛盾にぶち当たる度に人は強くなっていく、と。そう、それは敵と戦う度に、経験値が上がりレベルアップしていく、いわば「ドラゴンクエスト」(※5)のようなもの。

ところで、ヘーゲルの弁証法は、もっと大きなレベルの話だったのです。

3

歴史と弁証法の関係性

彼はこんな言葉を残している。それは、

「世界の歴史(※6)は理性的に進行する」

このヘーゲルの思想をわかりやすく説明するとこうなる。

彼によれば、歴史は、古代オリエント→古代ギリシャ・ローマ→ゲルマン世界へと発展した。そんな古代世界では、自由を持っているのは王様だけだった。

つまり自由な人がひとりしかいなかったのである。

しかし、時代が進むにつれて少しずつ自由の意識が広がっていき、だんだんと自由な人が増えてきた。そして、なんと1800年のヘーゲルの時代には、人間はみんな自由なんだという自覚が生まれた。この自由の力で、国家の組織を作り上げていくこと、それが歴史の目指す目標なのだ。

つまり、歴史はテキトーに進んでいるのではなく、ちゃんと目的をもって進んでいるというのである。そしてその目的が、

「自由の実現」

そう、あなたが今、車に乗ったり、パソコンや携帯をつかったりできるのは、歴史が自由をめざし、弁証法的に進んできたからなのである。ということは、これからは、あなたの人生もっと自由になるに違いないのだ。

どうだろう。元気が出てきたのではないだろうか。未来は明るい!

このように、歴史というものの重要性を説き、これを哲学のど真ん中にもってきたヘーゲルの功績は大きかった。

それでは、この歴史の弁証法を、再びペットを例えに、その歴史に置き換えてみよう。

戦後の日本は食糧難の時代。そんな時代に、もともと軍用犬だったシェパード（※7）をペットとして飼えるのは、裕福な一部の上流家庭だけであった。しかし、1953年には食糧難も徐々に緩和し、一般家庭でもペットを飼いたいという欲求が高まってきた。そこで、最初にブームになったのがスピッツ（※8）である。しかし、まだまだ物騒なこの時代、物音に敏感なスピッツは、ペットというよりは番犬として重宝されていた。そして高度成長期に入ると、家でペットを飼うという主導権を母親が持つようになる。そこで、ポメラニアン（※9）やマルチーズ（※10）などの愛くるしい抱き犬に人気が集中。以後バブル期には、贅沢の象徴として、ゴールデンレトリバー（※11）やシベリアンハスキー（※12）などの大型犬が登場。

そして現在では、ペットに癒しを求める一人暮らしの人が増え、家の中でも飼えるかわいいミニチュアダックスフンド（※13）やチワワ（※14）などの小型犬が人気を集めている。

このように、ペットの歴史においても弁証法が繰り返され、ペットを飼う自由を多くの人々が手に入れてきたのである。こういった、小さな弁証法が世界全体でみると歴史となって展開されているのだ。

このようにペットが進化していくと、最後はAIBOになっていくというのは、歴史の決まった筋道にそっているのかもしれない。

さて、この総ページ約1000ページの「精神現象学」。実はヘーゲルはたったの3カ月でまとめあげました。いやはや、実にスピーディー！しかし、なぜそんなにスピーディーにまとめあげたのでしょうか？そのわけを知らずして、この本を読むということは、せっかくセブン-イレブンの10品目バランスサラダを買いながら、別売のドレッシングをうっかり買い忘れて、泣く泣く味のないサラダを食べるのと同じくらいに悲しいこと。実はこの「精神現象学」執筆のスピーディーさには、ある秘密があったのです。

4

精神現象学の誕生秘話

ヘーゲルは、しかめっ面をしながら、難解な哲学を述べるといった、お固い哲学者ではなかった。毎晩のようにビールやワインを飲みながら、うまくもない冗談を連発していたという、実はただの社交的な酒飲み。

がしかし、その飲み仲間がすごい。世界的に有名な劇作家シラーや、ドイツ文学の巨匠ゲーテなど、そうそうたる有名人を相手に、くだらない冗談を飛ばしていたのである。

とまあ、ヘーゲルが酒飲みだった話は、さておいて、なぜヘーゲルは3カ月という短い期間で「精神現象学」をまとめあげなければならなかったのだろうか？

その理由は、なんと彼の息子ルートヴィヒにあったのである。その息子の母親のクリスティアーネはヘーゲルが下宿していた先の若女将であった。なんと、息子のルートヴィヒは、ヘーゲルと人妻クリスティアーネとの間に生まれた、できちゃった息子だったのである。

そしてこのできちゃった息子の一件で、ヘーゲルは急きょ大金が必要になる。しかしそんな大金、家庭教師だったヘーゲルに払える金額ではない。そこで唯一金になりそうなもの、それが執筆途中の「精神現象学」だったのである。

しかし、これはまさにお金がないという矛盾を、「精神現象学」を出版し、お金を得て見事解決するという弁証法的運動。もちろん、ヘーゲルもまた弁証法の原理に従って、自己自身を発展させていたのである。

テーゼ、アンチテーゼ、ジンテーゼ……

これら弁証法を繰り返していくと、人間の精神は究極の知＝絶対知に到達することができるとヘーゲルは考えました。それは、子供がだんだんと大人になっていくようなもの。そして、最後に人はある秘密を知るのです。その秘密とは、なんと「自分が神《絶対精神（※15）》だった」ということ……。

話が大きくなりすぎました。でも、ヘーゲルの考えにふれると、『007』の映画を見終わった後、映画館の外に出てもしばらく自分がジェームズ・ボンドになりきっているのと同じような気分になれるのです。ぜひ、このお厚い本をご一読ください。

では、アウフヴィーダーゼーエン!

注釈コーナー

※1　元気を出して
島谷ひとみの11枚目のシングル。これはもともと竹内まりやが、1984年に薬師丸ひろ子に提供した楽曲で、薬師丸のデビューアルバムに収録されていたものを、竹内自身が後にセルフカバーしたという曲。これを2003年に、島谷がカバーした。

※2　ダックスフンド、ダッケル、ロングヘアーダックスフンド
原産国はドイツ。体高25cm位。胴長で足が短いのが特徴。数十年間にわたり、ダックスフンドは3つのサイズ（テッケル、ミニチュア・テッケル、カニーンヘン・テッケル）および3つの毛質(スムース・ヘアード、ワイアー・ヘアード、ロング・ヘアード）ごとに繁殖されてきた。

※3　弁証法
弁証法とは、「存在および具体的な現実の運動・変化を支配する論理」である。
また、同時に「矛盾・対立およびその止揚を通して発展する運動・変化をとらえる思考」であるとされる。

※4　岡本真夜
（おかもと まよ 1974〜）
1995年5月、シングル「TOMORROW」でデビュー。同曲はテレビドラマの主題歌としてもオンエアされ、200万枚を超える大ヒットを記録した。そう「涙の数だけ強くなれるよ〜」とは弁証法ともいえるのだ。

※5　ドラゴンクエスト
1985年に登場した、ロールプレイングゲームの人気シリーズのこと。ここに登場する「経験値」という概念、これは弁証法的な観点から見ると、大変興味深いテーマであるともいえる。

※6　歴史
歴史とは、絶対精神が自己を自覚しつつ自己実現していく過程であるし、歴史発展の目的は「自由」である。歴史の主役は精神であり、精神の本質は自由であるからだ。
フランス革命、ナポレオンのイエナ占領も絶対精神の自己実現の過程とされる。ヘーゲルは、自分の生きている時代がその歴史の最終段階だと考えていた。

※7　シェパード
原産国はドイツ。体高55〜65cm。牧羊犬、軍用犬などと用途が広い。耳が尖り直立しているのが特徴。

※8　スピッツ
原産国は日本。昭和30年代に日本で最も人気のあった日本初の公認純粋犬種である。体高30〜40cm。毛が白く豊富。口吻と耳がとがっている。

※9　ポメラニアン
原産国はドイツ。口吻がとがり、全身は長い毛におおわれている。体高20cm位。毛色は茶色、オレンジ、黒など。

※10　マルチーズ
原産国はイタリア。犬種名はマルタ島からとったものとされる。体高25cm位。全身、純白の長い毛におおわれている。

※11　ゴールデンレトリバー
原産国はイギリス。体高55cm位。鳥猟犬として特に水中運搬を得意とするが、家庭犬、盲導犬としても活躍している。ウエーブのある黄金色の毛におおわれている。

※12　シベリアンハスキー
原産国はシベリア。エスキモーでは古くからソリ犬、番犬、猟犬として飼育されていた。体高55cm位。毛色は白、黒、シルバーなど。頭や顔に隈取りのような模様をもつものが多い。

※13　ミニチュアダックスフンド
ダックスフンド（※2）を参照のこと。

※14　チワワ
原産国はメキシコ。体高12cm位。犬の品種としては最小。毛色は白、クリーム、黒、赤などあり、短毛種と長毛種にわけられる。

※15　絶対精神
精神が弁証法的に発展し、最終的には外界に精神と対立するものがなくなる。いいかえれば、主観と客観が統一される（なんでもわかっちゃうという感じ）。この時、精神は絶対の自由を獲得し「絶対精神」となる。実は人間は絶対精神（神）なのだが、まだそれに気づいていないだけなのだ。「精神現象学」を読むと、精神が引き上げられていくのである。

さかなが驚いた、ぎょ！
レモンのいれもん
ストーブがすっとぶ
ふとんがふっとんだ

蘊蓄コーナー

ヘーゲルの唱えた「テーゼ、アンチテーゼ、ジンテーゼ」という弁証法。この運動には実は限りがない。しかし次から次に出現する現実的な問題を弁証法的に解決してゆくことで、精神、自然、芸術などすべての原理を内に含む「絶対精神」に、いつかたどりつくという。

哲学界の巨人、ヘーゲル。しかし彼自身は、とても陽気で社交的な人物であった。それは酒場の雰囲気や田園の散歩を愛したことや、真面目な知識人よりも、愛想のいい人々を好んだという逸話からもうかがえる。

アダム・スミス

イギリスの社会科学者、古典経済学の創始者。1751年〜1763年、グラスゴー大学教授。1787年同大学総長。自由放任下の経済では、各自が自己の利益のみを追求してさえいれば「見えざる手」に導かれ、社会全体の福祉も増進されると主張した、主著「国富論」(1776)は経済学最大の古典である。

13

第13冊
腕時計で読み解く
アダム・スミスの「国富論」

Adam Smith

1723-1790

産業革命を目前に控えた18世紀イギリス。経済ビックバンに向けたお膳立てが揃いながらも、その心構えを見つけられないでいた政治家や経営者に、一筋の光明が差し込んだ。それが自由主義経済のあり方を提示した書、アダム・スミスの「国富論」である。そんな今日の高度経済社会を導き、我々の生活を裕福にした本書を、貧困な発想（産業革命＝歯車がグルグル回る十見えざる手＝腕時計）で読み解いてみることにしよう。

時は1723年。日本では、あの暴れん坊将軍、徳川吉宗が享保の改革をおこなっていた江戸時代。遠くスコットランドで、その後、世界経済に大きな影響を及ぼすことになる、

アダム・スミス

が誕生しました。その彼が経済についてまとめた本が

「国富論」。

経済学はここから始まります。

1
国富論とは?

18世紀後半、イギリスに産業革命が起き、近代的な機械工業が形を整いつつあった頃、経済学の父といわれたアダム・スミスが9年の歳月をかけ完成させたのが、「国富論」であった。

そんな「国富論」の中に書かれたスミスの経済学の理論は、イギリスの元首相トニー・ブレアや、元アメリカ大統領ロナルド・レーガンなどが、その政策のお手本として利用したともいわれている。

そう、実はこの本こそ、今の資本主義社会(※1)の礎を築いたといっても過言ではないのだ。

では、そもそも「国富論」とはどういった本なのであろうか。その答えはこの本の原題に隠されていた。

「国富論」の原題、

それは、

「諸国民の富の性質と原因についての研究」。

これを簡単に訳すと「諸国民」とは「みんな」のことであり、「富の性質と原因」とは、「どうやったら富みを獲得できるか」ということ。つまり「国富論」とは、

「どうしたらみんながお金持ちになれるか」

ということが書かれた本だったのだ。つまり現代でいう、村上龍の「おじいさんは山へ金儲けに」(NHK出版)や、「Dr.コパの21世紀に大金持ちになる風水」(ぶんか社)のような本なのである。

財布に小銭しかなく「今月始まったばっかりなのにどうすんだよぉ」と、お嘆きの人に、「国富論」はぴったりの本なのです。

なになに? さっそくこの「国富論」を読んでみるって? ちょっとまった! 実はこの「国富論」、全巻1097ページにおよぶ超大作。いくら、みんながお金持ちになれる方法が書かれているからといって、読破するのは極めて困難。

でも、ご安心ください。なぜなら、私はこの本をいとも簡単に読み解く方法を見つけたのです。非常に難解な「国富論」も、腕時計の誕生を述べることで、わかりやすいものに早変わりするのです。

2

ロレックスの誕生と国富論

アダム・スミスが記した、お金持ちになるための方法、「国富論」。その内容とは、一体どんなものなのだろう。それは意外にもひとつの言葉に凝縮されている。その言葉とは、

「個々の人間の利己心は社会全体の富を生み出す」

これは簡単にいうと、

自分の利益の為に行動すれば、
やがてみんなが利益を得られる

ということ。そんなのは当たり前と思うかもしれないが、そこは経済学の父といわれたアダム・スミス。その中には深い意味が隠されているのだ。そして、その意味とは、高級腕時計ロレックス（ROLEX）（※2）の誕生秘話を知ることによって瞬く間に理解できるのである。

時は1905年ヨーロッパ。当時、腕時計は高級アクセサリーのひとつと考えられており、庶民には手の届かない高価なものであった。そんな中、ひとりのドイツ人が時計製造会社を設立した。男の名はハンス・ウィルドルフ（Hans Wilsdolf）。彼が会社を作った理由はただひとつ。アクセサリーではなく、実用的で長持ちする丈夫な腕時計が欲しいという、非常に個人的な利益の追求があったからだった。そして3年後、ハンスは実用的な時計の開発に成功。長年の思いを込めて以下のような名前をつけるのだった。

「機能的な動きが＋永遠に」
＝
「rolling + ex」
＝
「機能的な動きが＋永遠に続くように」
＝
「ロレックス（ROLEX）」

と……。

その耐久性は、あのタイタニック号の沈没現場の海底で、海水にゆられながらも狂うことなく時間を刻んでいたというエピソードがあるほどだ。そんな、機能的で壊れないロレックスは、一躍世界中で大ヒットした。すると、他のメーカーもこぞって実用的な腕時計の開発に乗り出し、丈夫で安い時計がたくさん生まれることになったのだ。「実用的な腕時計が欲しい」。そんな、ハンスの個人的な利益の追求から始まったロレックスの誕生は、たくさんの人に、安くて質の良い時計が広がるきっかけをつくったのだ。

これこそアダム・スミスが唱えた

**「自分の利益の為に行動すれば、
やがてみんなが利益を得られる」**

ということなのである。だが、ここでひとつの疑問がわいてくる。「なぜ自分の利益を追求したら、安くて質の良い時計が生まれるのか？」と。しかし、そこは、経済学の父アダム・スミス。以下のように答えを述べている。
それは、

「為すにまかせよ」

これは要約すると

**「多くの人たちが自由に競争すること(※3)により、
安くていいものがたくさん生まれる」**

ということである。これを時計の世界で喩えるなら、時計の誤差を自動的に調整するシステム、"トゥールビヨン"(※4)の発展があげられる。

伝説の時計ブランド、ブレゲ(BREGUET)(※5)の創始者、アブラアン・ルイ・ブレゲが、永遠に誤差の生じない時計を作りたいという想いから発明に至った"トゥールビヨン"。開発当時、その時計の価格はなんと数億円(!)だったともいわれている。しかし、時計職人たちの競争や市場の自由化により、今では、およそ一千万円という手ごろな値段で買うことができるようになったのだ。個人が、自分の利益のために自由に競争すれば、社会全体が豊かになる、これこそアダム・スミスが「国富論」で唱えたことであった。

そんな自分の利益だけを追求すれば、社会全体の利益も増えるという「国富論」の教え。おわかりいただけましたか? でも、ひとつだけ注意しておかなければならないことがあります。

それはむやみやたらに自分の利益だけを追求してはいけない

ということ。アダム・スミスは、自分の利益を追求する上でもっとも大切なことを、自ら書いた

「道徳感情論」

で述べています。そう、「国富論」を読んで「道徳感情論」を読まないということ、それは、彼女がいないのに、占いで「彼女との関係はもう絶好調。星5つ!」と書かれているのと同じくらい意味がないこと。アダム・スミスの本当の教えを理解するには、「道徳感情論」を知る必要があるのです。

3

共感こそ成功への近道

時は、1759年。グラスゴー大学で、道徳哲学の教授をしていたアダム・スミスは、利益を追求する上でもっとも大切なことを書いた「道徳感情論」を出版した。タイトル通り、道徳について語るその本の中でのスミスの主張とはこうである。

「利己的な個人の行動が良いと認められる為には、第三者から見ても共感を得られるものでなければならない」

これは、簡単にいうと、

「お金を儲けるための行動は、たくさんの人に共感されなくてはならない」

ということと同じこと。では、なぜそれが自分の利益を追求する上で、もっとも重要なことなのか。それを、時計の世界に置き換えて説明していこう。

例えば、同じ町に、AさんとBさんという2人の時計屋がいるとしよう。2人とも時計をたくさん売って利益をあげようと、日々努力していた。

まず、Aさんがお金を稼ぐために考えたのが、「性能の良い時計を作る」ということであった。さっそく腕利きの時計職人を雇い、町のみんなに気に入ってもらえるような時計を作り出した。

それに対し、Bさんの方は、効率良くお金を稼ぐ方法はないかと考え、あるひとつの方法を思いついた。それは「町で安く買った時計を、となり町で高く売って儲ける」という方法であった。

みなさんは、Aさん、Bさんのどちらに

共感をおぼえるだろうか?

もちろん、よほどのことがない限りAさんである。そう、お金儲けだけを追求したBさんに比べ、人が生み出す時計にこそ財産があると考えたAさんこそ、誰から見ても成功し、利益を得られると考えられるのだ。

そして、そんなAさんの論理を実践し成功した時計ブランドがある。世界的な人気を誇るピアジェ(PIAGET)(※6)である。「社員のみんながピアジェを育ててくれている」。会長のイヴ・G・ピアジェがそう語るように、よりよい時計を作るには人の力が不可欠だと考えているピアジェ。それが証拠に、将来の時計職人育成のため、授業料無料の時計学校を開校しているほどだ。ピアジェの成功は、経営哲学の中に、道徳的に正しいと共感できる部分を持っていたからに他ならない。

「たくさんの人々が自分の行動に共感してくれること。それが利益を追求するための原動力になる」

アダム・スミスは「道徳感情論」の中で、そう語っていたに違いない。

経済学の父であると同時に、偉大なる道徳者でもあったアダム・スミス。では果たして彼は一体どんな人物だったのでしょうか。一言で表すと、彼は「すっごくいい人だったの!」である。その、すっごくいい人、アダム・スミスのことがわかるエピソードをここでちょっと紹介しておきましょう。

4

スミスとワットの出会い

グラスゴー大学で道徳哲学の教授をしていたことからもわかるように、「とってもいい人」だったアダム・スミス。そしてそのいい人ぶりが、ある人物に大きな影響を及ぼすことになる。その人物とはジェームズ・ワット（※7）。蒸気機関を完成させ、今日の技術革新の礎となった、偉大なる発明家である。

では、なぜアダム・スミスが、ワットの蒸気機関の発明に影響を及ぼしたのであろうか？

それはまだワットが名もない、ただの機械職人だった頃のこと。グラスゴー大学の教授だったアダム・スミスは、学歴もなかったワットの非凡なる能力だけを信じて、大学に仕事場を提供し、他の教授たちの反対を押し切ってまでして実験費用を与えたのだ。

そんなワットは、大学の実験器具の修繕職人として働きながら、発明を重ね、そしてついに蒸気機関の開発を成功させたのである。しかし、もしアダム・スミスがいい人ではなかったら、蒸気機関がワットの手によって発明されず、彼の名前をとって名づけられたワットという仕事量の単位も存在しなかった、と言い切っても過言ではないのだ。

このようにジェームズ・ワットの発明という利益の追求に共感し、惜しみなく活躍の場を提供したアダム・スミス。このエピソードこそ、彼自身が「国富論」を実践したものだといえるだろう。

アダム・スミスの「国富論」。おわかりいただけたでしょうか? もしあなたが、今、お金持ちになりたくてしようがないなら、この「国富論」を読むことを、ぜひともオススメします。ただし間違った解釈は身の破滅を招くことになるので、くれぐれもご注意を。

注釈コーナー

※1　資本主義社会

資本主義とは商品経済の広範な発達を前提に、労働者を雇い入れた資本家による利潤の追求を原動力として動く経済体制のこと。つまり生産手段を持った資本家が、労働者のその労働力を商品として買い、労賃部分を上回る商品を生産し、利潤を得る経済のこと。封建性の次に登場した経済体制で、産業革命により確立された。

※2　ロレックス(ROLEX)

1905年にハンス・ウィルスドルフによって創業されたスイスの腕時計メーカー。1926年に開発しオイスターケースは、時計の完全防水を実現。他にもパーペチュアル、デイトジャストなどの機構も完成させ、不動の地位を獲得。現在でも幅広い商品ラインナップで絶大なる人気を誇っている。

※3　自由に競争すること

「国富論」の中心的な主張は、自由放任主義および自由貿易(政府の不干渉)において、資本は富の生産と分配のためにもっとも有効に使用されるというもの。政府は商業活動に対してできるだけ不干渉であるべきだというスミスの考えは、「見えざる手」という言葉に表現されている。「見えざる手」の原理によれば、おのおの自己の利益を追求しているあらゆる個人は、まるで神の見えざる手によるかのように、全体の最高の利益を達成するように自動的にみちびかれるというのだ。

※4　トゥールビヨン

トゥールビヨンとは、機械式時計の機構のひとつで、時計を狂わせる原因になる重力の影響を避けるため、秒を刻む部分自体が回転するという大変複雑な構造。1801年にブレゲによって特許が取得された。

※5　ブレゲ（BREGUET）
1775年、アブラアン・ルイ・ブレゲにより創設されたブランド。彼は「時計界のレオナルド・ダ・ヴィンチ」、「時計の進化を2世紀早めた男」と称され、76歳でその生涯を終えるまで、実に時計に関する発明の4分の3を完成させたともいわれる、天才時計職人である。

※6　ピアジェ（PIAGET）
1874年、スイス・ジュラ地方でジョルジュ＝エドアール・ピアジェによって創業された。現在も熟練した職人により、自社一貫生産を続ける最高級の宝飾時計メーカーである。なお、自社ブランドの高級時計を発表したのは1943年。超薄型ムーブメントやジュエリー・ラインなどで知られている。

※7　ジェームズ・ワット
（James Watt 1736〜1819）
イギリスの技術者。実用的な蒸気機関の発明者として知られる。この技術は紡績工場や交通機関などに幅広く利用されるようになり、まさに産業革命の原動力になった。そして彼の名前は、その功績をたたえて電力や仕事率の単位（W）にもなっている。

蘊蓄コーナー

日本で「国富論」が初めて紹介されたのは、1867年の福沢諭吉の「西洋事情外篇」によってである。

スミスは1790年7月17日に没したが、死の床で彼が望んだことは、自分の草稿の大部分を消却してほしいということだったという。

幼少時、スミスは、すぐに救出されたものの、ジプシーに誘拐されたことがある。

父は、スミスが産まれる2カ月前に亡くなってしまったため、母の手で育てられた。後半生は故郷で90歳まで生きた母と暮らし、生涯独身であったという。

セーアン・キルケゴール

デンマークの哲学者、キリスト教思想家。ニーチェとともに実存哲学の祖とされる。当時のヘーゲル主義的な理性哲学を批判し、人間が理性的・合理的に解釈されてきたことに不満をもった。人間は普遍的な理性だけでは説明尽くせない実存であることに目を向ける。人間の在り方と神の関係をつきつめる中から「不安の概念」（1844）、「あれかこれか」（1843）、「死に至る病」（1849）など多くの著作を残した。

14

第14冊
カメラで読み解く
キルケゴールの「あれかこれか」

Soren Aabye Kierkegaard

1813−1855

「『あれかこれか』って、なにがどれなの?」この意表をつくタイトルを聞いて、そう思った方も多いだろう。そんな19世紀デンマークの哲学者キルケゴールが記した本書は、目玉焼きにかけるのはソースか、醤油か? などとはあまり関係ない。ここではキルケゴールの波乱に富んだ半生を振り返りつつ、人は如何に生きるべきかについて綴った、20世紀を代表する哲学・実存主義である本書を、あれかこれかと悩んだ末、カメラで喩えることにしてみます。

私の独自調査では、フジテレビ内の流水書房で、

キルケゴールの「あれかこれか」

を買い求める局員が増えているようです。ということは、フジテレビのキャッチフレーズが、

「♪あれかこれか？ チャンチャン、フジテレビ！」

となるのも、もはや時間の問題でしょう。「この本」を読まずに「あれかこれか」を語ることなんて、そう、それは「あっ！ 灰が落ちるよ。ハイ灰皿」と偶然ダジャレになってしまった時のように恥ずかしいこと。

しかし、そもそもこの本の題名、変だと思いませんか？ 「お厚いのがお好き？」というタイトル以上に、肩の力が抜けたネーミングです。

ではこの本、一体、どんな内容なのでしょう？ 少なくとも、居酒屋の合コンで体験するようなアレかコレか？ という悩みを見事に解き明かしてくれる本……ではないことは確かです。

この章では、まず、どんな人がこの本を読むべきなのか。その辺のお話から始めるとしましょう。

1

「あれかこれか」ってどんな本？

人は常に、なにかしらの不安を抱えて生きている。例えば「サザエさん」のエンディングテーマが聞こえてくると感じてしまう、あのどうしようもない切なさ。あるいは、自分は会社の歯車のひとつに過ぎないのではないかと感じる底知れぬ孤独感。もっと身近なところを例にとれば、この本の編集者は「この本が全然売れなか

ったらどうしよう?」という不安を常に抱えているに違いない。
しかしこうした漠然とした不安は、どうすれば乗り越えることができるのだろうか? そんな難題に正面から向き合った哲学者こそ、キルケゴール、その人である。
そもそもキルケゴールは、世界三大ガッカリ観光地のひとつ、人魚姫の像があるデンマークの首都コペンハーゲンで、1813年に産声をあげた。ちなみに、他の2ヵ所のガッカリ観光地は、ブリュッセルの小便小僧とシンガポールのマーライオンらしい……。
話をキルケゴールに戻そう。そもそも、宗教思想家であった彼は、なんと生涯で40冊もの本を残したといわれているが、その著作活動が実に面白い。彼は道徳的な本を書く時は実名。俗世間的な本を書く時はペンネームと、常に2つの名前を使い分けながら、2種類の本を書いていたのである。それはまさに、北島三郎(※1)が自分で歌う曲は北島三郎を名乗り、他人に提供する曲の時は原譲二と使い分けるパターンのようなもの。
そんなキルケゴールがペンネームで書いた最初の作品、それが「あれかこれか」であった。そして、その時のペンネームは、ヴィクトル・エレミタ。直訳すると「悲しみに打ち勝つ」という意味だ。この名前からもわかるように、この本は不安解消のマニュアル本、現代でいうならPHP研究所の「不安な心と上手につきあう本」と同じようなものなのである。

もし、あなたの心に一点の曇りもないならば、この本を読む必要はありません。しかし、そんな人が果たしているでしょうか? さぁ、自分の心に潜む不安を声に出してみてください。え? 何ですって? ガスの元栓を閉めたか心配? 携帯の着信履歴見られたんじゃないかと心配? 歯に青のりがついているんじゃなかと心配?
ほら、いろんな不安が世の中にはあるのです。そこで「あれかこれか」の出番となります。これをわかりやすく読み解くため、この章では今流行りのカメラを例にとってみることにしました。あなたは、デジカメ(※2)派ですか? それともフィルム派?

2

「あれもこれも」と「あれかこれか」

さぁ、自分の心の中に潜む不安をいってみてほしい。それは何だろう。世の中にはいろんな不安があるもの。そこで「あれかこれか」の出番となるのだ。がしかし、彼は、なぜそんな妙な題名をつけたのだろうか?

それはある思想への批判からに他ならない。そしてその思想とは、ヘーゲルの「精神現象学」である(本書162ページ参照)。その内容とは、

「精神は矛盾対立を総合することで、より高い段階へと発展していく」

というもの。キルケゴールは、このヘーゲルのあれもこれも(※3)という思想を批判して、「あれかこれか」という本を書いたのである。

ヘーゲルの思想は、世の中、なんでもかんでも理性的であった。つまり、あなたが会社をリストラされ、バスのステップから降りた瞬間に脱臼し、家に帰ったら家具ごともぬけの殻だった……なんてことがあったとしても、それは世界の歴史全体からすれば、理性的つまり弁証法的(174ページ参照)に進んでいるから、なんら問題なしという哲学。すべては宇宙の原理で

「あれもこれも」

まーるくおさまっているというのである。

しかし、キルケゴールは考えた。

「月がチーズだったとして、私と何の関係があるだろうか?」

そう、宇宙の原理によって歴史が整然とよりよいものを目指して動いていくからって、この私はどうなるんだ、この私は! という叫び。

ちなみに、2004年3月2日に米航空宇宙局（NASA）が、火星に水が存在したことの証拠を得たことについて、社会学者アミタイ・エチオーニはこんなことをいったらしい。

「火星に水があったとして、それがどうした？」

確かに、私たちの生活とは直接的に関係がないような気もする……。

それはさておき、キルケゴールは今、生きている私にとって大切なこと、私がそのために生き、そのために死ねるような真実がほしいと考えたのである。彼にとってヘーゲルの説く客観的真理などどうでもよかったのである。

そこでキルケゴールは、ヘーゲルの弁証法による「あれもこれも」に対して、私が選ぶ人生の選択肢「あれかこれか」が大切だと考えたのだ。

3
「あれ」そして「これ」とは？

そもそも「あれかこれか」という作品は、第1部と第2部に分かれている。その第1部は、目先の快楽に走る女好きのAさんの手記。第2部は、健全な家庭生活を営んでいる愛妻家のBさんが、友人のAさんに宛てた警告の手紙という体裁で書かれている。

つまり「あれかこれか」とは、Aさんの快楽にまみれた生き方であり、Bさんの道徳的な生き方のことなのだ。キルケゴールは、相反する2人の人生を描くことによって、どちらの生き方が良いものであるかという選択を迫ったのである。

キャバクラで豪遊してる男

それでは、AさんとBさんのどちらの生き

方が正しいとキルケゴールは考えたのか。その答えをカメラに例えて説明しよう。

快楽的なAさんと道徳的なBさんを、それぞれカメラに例えるならこんな感じ。

扱いやすく、誰でも簡単に撮れるデジカメ。面倒なフィルムの入れ替えもなければ、わざわざ現像に出す必要もない。すぐに見ることができて、画質は抜群。と、これだけをとると、デジカメの方が銀塩カメラ(※4)よりも優れていると思われる。

だが、デジカメの手軽さを満喫すればするほど、こんな矛盾が芽生えてくるはずだ。「デジカメって簡単すぎてつまらない」と……。そして結局、最先端のデジカメから、昔ながらで味のある銀塩カメラに辿り着くことになるのである。

ちなみに、若者の間で話題になっている銀塩カメラがある。HOLGA(※5)というトイカメラがそれである。ボディはプラスチック製で、非常にチープだ。カブリ、ピンボケなどは当たり前の、なんともいいかげんなカメラ。しかし現像してビックリ。なんとも味のある写真が撮れるのだ。

だが、ここで重要なのは、最初からこのHOLGAを使っても「このカメラ、使いにくくて全然ダメ」という結果に終わること。つまり、このHOLGAならではの味を理解するには、デジカメを使いこなしてこそ、初めて悟ることができるのである。

これぞキルケゴールがいいたかったことなのだ。

快楽的なAさんの人生は、

美的実存

の段階。美的実存とは、日々を享楽によってついやす。しかし、キルケゴールによれば、享楽は必ずや倦怠感や絶望をともなってしまう。そこで、人は道徳的なBさんのような生き方、すなわち

倫理的実存

の段階に入るというのである。

もちろん、これはキルケゴールの哲学モデルであるから、なにもあなたがムリして享楽から倫理へと飛躍しなさいと勧めるわけではないので、ご安心を。

キルケゴールの「あれかこれか」ご理解いただけたでしょうか？ しかし、キルケゴールは本当に、デジカメから、銀塩カメラに持ち替えて、それで満足したのでしょうか？ いえ、実はそれが答えではありませんでした。

そう、キルケゴールは「あれかこれか」の結論を、次の作品「哲学的断片への後書き」という本にしたためています。果たして、キルケゴールは「哲学的断片への後書き」で、どのようなカメラを最終的に選んだのでしょうか？

4

キルケゴールの辿り着いた思想とは?

デジカメから銀塩カメラに持ちかえた人は、次にどんなカメラを選ぶのか？ キルケゴールが「哲学的断片へ」のあとがきで、その答えをこう述べている。

「享楽的な人生を経て
倫理的な人生に突入した人は
結局最後に神と向き合うことで
究極の人生に達する」

これは簡単にいうと、

「人は目先の快楽を追いかけたあと
自分のおろかさに気づき
道徳的な人生を歩み始め
最後は神に仕えて救われる」

ということ。つまり、

**「デジカメの便利さに飽きて、
味のある銀塩カメラに持ちかえた人が、
最後に行き着くカメラは、
自身の目で見る心のカメラだ」**

ということなのだ。

キルケゴールは、この最終段階を

宗教的実存

と呼んだ。そして、この三つのステップは、一般的に「実存の三段階」(※6) と呼ばれている。

この宗教的実存段階。カメラに喩えるなら、心に響く風景や人に出会った時、それを自分の記憶に焼きつける心のカメラこそ、究極のカメラだと、キルケゴールはいいたかったに違いない。もし、彼が現代に生きていたとしたなら、究極のカメラで撮った作品をこう呼んでいただろう。

神を写したもの、つまり「写神」と……。

驚くことに、キルケゴールのほとんどの本は自費出版です。彼が生きている間、彼を認める出版社はほとんどありませんでした。にもかかわらず、彼はなぜ本を書き続けられたのか？　それには、ある理由がありました。

5

キルケゴールの真実とは?

収入に恵まれなかったキルケゴール。それでも彼が本を書き続けたのは、ひとりの女性に自らの愛情の深さを伝えるため。ただそれだけであった。その女性とは、レギーネ・オルセン、その人である。

キルケゴールは24歳の時、はじめてレギーネと出会い、たちまち一目惚れをしてしまう。その時、レギーネはわずか14歳。それからおよそ2年にわたり、キルケゴールはレギーネを口説き続け、婚約にまでこぎつけるのである。と、ここまでは普通の恋愛話と受け取れる。しかし、キルケゴールはこの後、とんでもない行動に出るのだ。

なんと、必死に口説き落としたレギーネとの婚約をわずか1年で、しかも一方的に解消したのだ。新しい女ができたわけでも、愛情がなくなったわけでもない。むしろその逆なのである。レギーネを愛し続けたキルケゴールは、常に苦悩と戦っていたのだ。

**「彼女を本当に幸せにできるのは
自分ではないのかもしれない」**

そして婚約解消という道を選んだのだが、レギーネが納得するはずがない。そこでキルケゴールは考えた。

**「僕が彼女に嫌われれば苦しむこともないだろう
自分はダメ男だとイメージがつくような本を書こう!」**

そして生まれたのが「あれかこれか」だったのである。その後、レギーネはキルケゴールの望み通り、別の男性と結婚。しかし、それでもキルケゴールは彼女を愛し続け、わずか42歳でこの世を去るまで、レギーネに向けて本を書き続けた。キルケゴールの遺言状の中に、次のような一文がある。

「自分のすべての財産をレギーネに捧げる」

たったひとりの女性のために、自分の人生を捧げたキルケゴール。

その愛には「あれかこれか」という迷いはまったくなかったのだ。

キルケゴールの「あれかこれか」。何となく、読んだ気になれたでしょうか？ え？ この本の解釈が正しいのか？ 少し不安になっている？ そういう時はぜひ、不安解消マニュアルでもある「あれかこれか」をお読みください……ン？ それじゃ、意味がないか。ま、細かいことはともかく、自分オリジナルの生き方についてしばし考えてみてはいかがでしょうか？

注釈コーナー

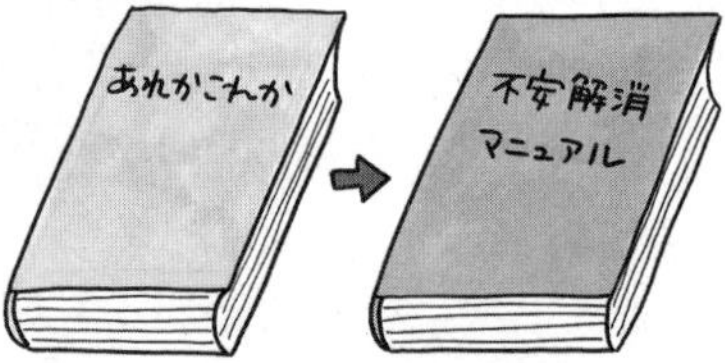

※1　北島三郎
(きたじま さぶろう 1936〜)
デビューは1962年の「ブンガチャ節」。その後「函館の女」「兄弟仁義」「なみだ船」「まつり」などヒット曲多数。歌手、作詞家、作曲家という顔はもちろん、舞台公演やテレビ時代劇などにも出演し、役者としても高い評価を受ける。日本の演歌の象徴的存在だ。

※2　デジカメ
パソコンの普及にあたり、カメラの主流となったデジタルカメラ。液晶モニターを搭載しているため、撮影したデータを確認することができ、不要ならばその場でデータを消去できるのが特徴。さらにパソコンやプリンターなどがあれば出力や加工が簡単にでき、現像の手間もコストもかからない。

※3　あれもこれも
キルケゴールは、ヘーゲルの弁証法が「あれもこれも」いっさいを観念的に総合してしまっていることを批判し、このような弁証法を「量的弁証法」とした。それに対し、生きている私(主体)は、「あれか、これか」という決断に基づく選択をするしかないのであって、キルケゴールは、これを弁証法を「質的弁証法」と呼んだ。

※4　銀塩カメラ
デジタルカメラと区別するために、かつて一般的だったフィルムを用いるカメラのことをこのように呼ぶようになった。フィルムの感光剤として、ハロゲン化銀などの塩化銀化合物を用いることからそう呼ばれている。

※5　HOLGA
若者の間で支持されているトイカメラが、この「HOLGA」。見るからにチープで、どんな写真ができるか想像できないものの、奇跡のように美しい写真が撮れたりすることがあるミラクルでワンダーなカメラ。フラッシュ内蔵モデルなど、ラインナップも幅広い。

※6　実存の三段階

実存の三段階は、①美的実存(感性的実存)、②倫理的実存、③宗教的実存とすすむ。第一段階の美的実存とは、人生のあらゆる快楽に身をまかせる生き方である。が、快楽を享受するには絶えず変化を求めなければならず、もし快楽を得ることに失敗した場合は、美的実存はただちに退屈し、憂鬱になる。キルケゴールは、このような美的実存の人生は必ずや絶望に陥るとし、ここで人は第二段階の倫理的実存へ入るとする。しかし、この段階においても自分が良心的であればあるほど自分の無力さに絶望する。ここでは、有限な自己が自己自身を越えたものとして完成するという自己の絶対化を求めて、挫折・絶望したのであるから、次の段階は必然的に絶対的な神を求めるしかない。こうして実存は第三段階へと突入する。私は救われるかどうかは不安であるが、徹底して歴史的事実としてのキリストの十字架を信じる。ここにおいて、実存は主体的に思惟し、徹底して自己を生きる単独者(der Einzelne)となる。

蘊蓄コーナー

キルケゴールの著作活動は、実名とペンネームの2つを使い分けておこなわれた。右手は信仰的・建徳的であり、左手は世俗的、非信仰的である。彼はこれらをそれぞれ右手(聖なる手)の著作と左手(俗なる手)の著作と呼んでいる。なお最初に右手の著作として出版されたのが「二つの建徳的講話」、左手の著作として出版されたのが、この「あれかこれか」である。

キルケゴールの全著作は、父の遺産により自費出版したものであった。

彼の初期の著作の中には、明らかにレギーネへのあてつけと訴え、そして変わらぬ誠実さが示されている。しかしレギーネ自身はまったく気がつかなかったということである。

宮本武蔵
(みやもと むさし)

江戸時代初期の剣豪。二刀流の剣技で名高い。若年の頃から諸国を遍歴して幾度かの試合をおこなって敵を倒し、晩年は肥後の細川家に客分として仕えた。剣法だけでなく、絵画、書、彫刻などにも才能を示している。

15

第15冊
バスガイドで読み解く宮本武蔵の「五輪書」

Musashi Miyamoto

1584-1645

日本で最も有名な侍・宮本武蔵。そんな武蔵が晩年に剣術の心得を記したという「五輪書」。ここでは、その武蔵の唱えた剣術心得を、一期一会の出会いにすべてをかけた現代の武士(ウソです)バスガイドさんの接客術に喩えて紹介。この章の影響で、観光バスのバスガイドさんが自己紹介で「せっしゃ、××バスの○○が担当します」と名のったり、ともすれば、はとバスのバスガイドさんがマイクで二刀流になんてことがあるかも?(なわけない……)。

最近の武蔵ブームにのり、売れに売れている

宮本武蔵の「五輪書」。

出版業界では、もし彼が今も生きていたなら、印税は3億円をくだらないといわれています。

しかし、ここでとても残念なお知らせをしなければなりません。それはなんと、みなさんがご存じの剣豪・宮本武蔵と、歴史に刻まれた真実の宮本武蔵は

全然別物！

もう、まったくもって違うということなのです。

では、この2つの宮本武蔵がどれほど違うのか。それはわかりやすくいうと、「チャーリーズ・エンジェル」(※1)とチャーリー浜(※2)、それくらいに違うのです。

もうおわかりですね。宮本武蔵は、小説家・吉川英治(※3)によって書かれた虚構の物語。それならば、真実の宮本武蔵とはいったいどんな人物だったのか？ まずは、そこから入っていきましょう。

1
ホントの武蔵ってどんな人？

伝説の剣豪・宮本武蔵が、死のひと月前に書き終えたという「五輪書」。そこには彼が62年の生涯で会得した剣の奥義が記されている。さっそくその奥義をご紹介したい。だがその前に、

クイズ★巌流島

第一問
武蔵が巌流島で戦った相手は佐々木小次郎である

答　×

実は、佐々木小次郎というキャラクターは、後の人々によって作り上げられたもの。とっても信頼できる資料（小倉碑文）によれば、武蔵の戦った相手の名は、ただの岩流。しかもこの岩流、70歳の老人だったという説もあるほど、その正体は謎に包まれているのだ。

第二問
巌流島の戦いに武蔵は遅刻していった

答　×

3時間も相手を待たせ、イライラさせた、というのがみんなの知っている武蔵。しかし、すっごく信頼できる資料（丹治峰均筆記）によれば、なんと武蔵は、小次郎こと岩流より先に島に着いていたという。

第三問
武蔵は巌流島にひとりで乗りこんだ

答　×

なかなか信頼できる資料(沼田家記)によれば、なんと武蔵はお互いひとりでこなければならないという約束を破り、大勢の弟子たちを引き連れ、相手を待ちかまえていたという。

想像して欲しい。恋人とのデートで、心踊らせ、時間通りに待ち合わせの場所に向かうと、なんと彼女とその親戚一同が待ち構えていたとしたら……。行った相手は確実に平常心を失い、すっかり相手のペースに巻き込まれてしまうはず。

そう、剣の勝負とはいえ、すべては相手との心の駆け引き(心理戦)。そこで武蔵は、確実に勝利をつかむため、戦う前から高度な心理戦をしかけていたのだ。そんな彼の勝つための極意が満載された「五輪書」。これを読めば、あなたも恋愛や仕事において、確実に勝利を得られることは間違いない。

武蔵の意外な真実。いかがでしたでしょうか？　ついでにいうと、武蔵が二刀流で戦うことはめったになく、しかも真剣よりも木刀を用いることが多かったそうです。つまり武蔵にやられた相手は、「バサッ！　ザクッ！」「う、ううぅぅ……」というよりも「ボコ！　スカ！　ボコ！　スカ！」「あ、頭割れてるって……バタ……」と、とってもかっこ悪い最後をむかえたと考えられます。

さて、相手との心の駆け引きに、必ず勝利する法則が書かれたこの「五輪書」。この本を読み説く鍵が、実は意外なところにありました。それは、

「右手に見えてまいりましたのが、東京タワーでございます」

と、一流のおしゃべりとサービスで、私たちを楽しませてくれるバスガイド。彼女たちバスガイドのお客の心をつかむテクニックにこそ、「五輪書」の教えが隠されていたのです。

2

バスガイドに学ぶ五輪書

バスガイド。彼女たちの職務は、お客さまに安全かつ楽しいひとときを提供すること。その勝負は出発ターミナルからすでに始まっている。一見、にこやかにチケットを確認しているだけに見えるが、実はこの時、彼女たちは乗客の年齢、性別など客層をインプットし、それに見合った話題を頭の中でシミュレーションしているのだ。

これこそ武蔵のいう

「景気を知ると云う事(火之巻より)」

に他ならない。戦いにのぞむ前には、相手の性質、人数、そして彼らの意気が盛んか否かを観察し、先の見通しを立てることが肝心なのである。

そしてバスが出発。いよいよ乗客と対峙する瞬間がやってくる。この時、彼女たちの挨拶は、笑顔&元気が鉄則。この挨拶こそ

「かげを動かすと云う事」(火之巻より)

である。

相手の心中がわからない場合、こちらから強く仕掛けるようにして相手の手段を知れというのだ。そしてこの時、乗客の拍手がまばらでノリ悪いと感じた場合は、「窓ガラスが割れんばかりの拍手ありがとうございます」と、さりげなく拍手を要求。乗客のテンションを上げることを忘れない。

それでもまだ乗客の雰囲気が悪い場合、彼女たちの視線は座席のセンター部分に向けられる。車内全体に会話が聞こえ渡るであろうこのセンター部分から、リーダー格の乗客を見つけだし、その人に会話の鉾先を向けるのだ。これこそ「五輪書」にいう、

「角にさはると云う事」(火之巻より)

これはすなわち、相手が大勢の場合でも、強く突き出した角の部分を攻撃することで、必ずや優位に立つことができるという教えである。

そうして見事に空気の和んだ乗客たち。この時、和やかなムードをいっそう確かなものにするべく、バスガイドが繰り出すのが、必殺血液型ネタ。

「実は血液型によって、その人が買うお土産も決まっているといいます。A型のお客さまはご家族やお友人に買いますが、B型のお客さまはもっぱら自分用。AB型のお客さまはどこにでもあるようなものを買いますが、O型のお客さまは優柔不断で結局何も買えずじまい」(笑)

メモをとる乗客までいて、もうバス内の空気は、完全にバスガイド中心に流れているのである。これこそまさに「五輪書」に記された

「底をぬくと云う事」(火之巻より)

戦いにおいては、相手が表面では負けていても、心の底では負けていない場合がある。そんな時、相手を心底、負けた状態にしなければならないというのだ。

こうした華麗なる接客テクニックによって、楽しいひとときを見事に演出してくれるバスガイド。まさに彼女たちこそ、現代における「五輪書」の最強の使い手なのである。

ところで、あなたはドラえもんにポケットから何か一つ出してもらいたいとしたら何を出してもらいますか？　バスガイドの彼女たちは、おそらく「暗記パン」を欲しがるに違いないのです。というのは、実は彼女らの案内には、すべて膨大な台本が用意されていたのです。東京都内用だけでも、なんと264ページ。バスガイドのみなさんは、「暗記パン」も使わずに、これらをすみからすみまで頭にたたき込んでいたのです。しかもこの台本作りの裏側には、「五輪書」で説かれた武蔵の人生哲学が見事に反映されていたのです。

3

台本のウラ側と武蔵の精神

その存在を意外と知られていない、バスガイドさんの台本。しかも、よく見てみると、なんと昼用と夜用がある。同じコースを走っていても、昼と夜では、バスから見える景色も別物だ。例えば、昼用の台本では

「右手前方に東京都庁が見えてまいりました。御覧いただけますでしょうか？」

となるのだが、そんな景色が見えなくなってしまう夜用の台本では、

「『江戸っ子だってねぇ』『そうよ神田の生まれよ』という啖呵でおなじみの江戸っ子。3代以上続いて東京に住んでいることが江戸っ子の条件だったそうです」

……もうおわかりだろう。昼用の台本は乗客の視覚に、そして夜用の台本は乗客の心にうったえるよう、それぞれ見事に書き分けられていたのだ。これこそ武蔵が説いた、

「観見二つの眼をとぐ」(空之巻より)

の精神に他ならない。戦いにおいては、「剣」、すなわち眼で見るだけではなく、「勘」、つまり心で相手の気の動きを感じることも重要なのである。

さらに、とあるバス会社の台本を見てみると、

「左は国会議事堂です」

と、ちょっとシンプルな気がする……。普通ならば、

「左手の方に見えますのは、国会議事堂でございます」となるはずなのだが……。

実はこのバス会社では格式張った言葉使いをやめ、シンプルな表現にすることで、乗客のみなさんに親しみやすさをアピールしていたのだ。これこそ「五輪書」に書かれた、

「役にたゝぬ事をせざる事」(空之巻より)

このように、勝負に勝つにはもちろん、剣の道を極めるには、余計なことをしている暇はないのである。

しかも様々な工夫が凝らされたこれらの台本だが、これをただ覚えるだけでもいけない。そこには「なら・しか」の気持ちが必要だという。それは、私「なら」こう伝える。私「しか」できない伝え方を、という精神である。そしていつの日か、台本というマニュアルを超え、「一流のバスガイドになりたい」、そう願う気持ちが芽生える。そんな一流バスガイドの姿こそ、武蔵が悟った

「万里一空」

の極意に他ならない。

「澄み切った空のごとく、
例え相手が誰であれ、
常に平常心を保ち、
自在に己の技をくり出す。
その境地こそ兵法の究極である」

と武蔵は記している。

ちなみに、バスガイドさんはベテランになればなるほど遠距離のツアーに配属される場合が多いらしい。

だから、

「万里一空」

の極意を味わうためには、湯本温泉あたりがオススメかもしれない。もちろん、ぴちぴちの新人さんが配属される都内半日ツアーも捨て難いだろう。

そんな宮本武蔵の「五輪書」。勝負に勝つための極意が書かれたこの本を愛読した人たちは、ブルース・リー（※4）や赤塚不二夫（※5）をはじめ、みな人生で大きな成功を収めました。では、武蔵本人の人生はどうだったんでしょう？　まあ、「五輪書」を書いた張本人だから、当然ウハウハな人生を送ったに決まっている、そう思ってしまったあなた。あなたは、まだこの本を閉じてはいけません。

4
武蔵の意外な人生

享年62歳。病で亡くなる直前、武蔵はこんな言葉を残している。

「我事において後悔をせず」(独行道より)

しかし果たして彼は、本当に悔いのない人生を送ったのであろうか。その生涯でいくつもの死闘を果たした武蔵、その目的はただひとつ。

己の強さをアピールし、大名の剣術指南役という役職を得、富みと名声をその手にすること。

そのために彼は、独特かつ奇抜な戦法をあみ出した。しかし、それらは、正々堂々という言葉からあまりにも遠く、大名の剣術指南役を申し出ても、冷たく門前払いされるのが関の山だった。各地をさすらい、いくら勝利を重ねても、叶うことのない悲観の夢。29歳の頃、巌流島で名を売った武蔵も、気がつけば50を過ぎていた。そしてその時、彼は悟ったという。

**「空には決まった形などはない。
そこにあるのは、ただ無限の自由」**

剣の先に武蔵が夢見た、富みと名声。その呪縛から解放された時の、その想いこそ、「万里一空」に他ならなかった。

「少しも曇りなく、
一切の迷いの雲が
晴れわたった状態こそ、
正しい空であり、
兵法の究極である」
（五輪書 空之巻より）

長い旅の果て、自らが辿り着いた剣の極意を、あますところなく「五輪書」に綴った武蔵。死の直前、

「後悔することは何もない」

そう語った彼の言葉は、偽りない本心だったのかもしれない。

最後に武蔵のこんな言葉を紹介しましょう。
「いずれの道にも別れを悲しまず」
そう、人生に別れはつきもの。だから悲しむ必要などないのです。
失恋して悲しんでいるあなた。ぜひ「五輪書」を読み、新たな恋を勝ち取ろうではありませんか。

注釈コーナー

※1　チャーリーズ・エンジェル
CHARLIE'S ANGELS／2000年／アメリカ／監督：マックジー／出演：キャメロン・ディアス／ドリュー・バリモア／ルーシー・リュー。1970年代後半に人気を誇ったTVシリーズのリメイク作品。人気女優トリオの放つ華麗でアクロバティックなアクションや衣装など見どころもりだくさんの娯楽作品である。

※2　チャーリー浜
（ちゃーりー はま 1942～）
吉本新喜劇などで活躍する芸人。吉本興業入りは1962年6月とその芸歴は長い。そして1991年「～じゃ あ～りませんか」で流行語大賞を受賞し、お茶の間でも大ブレイクした。

※3　吉川英治
（よしかわ えいじ 1892～1962）
作家、小説家。まさに多くの人々に愛読される国民文学作家。代表作に「鳴門秘帖」「松のや露八」「宮本武蔵」「太閤記」「新・平家物語」「私本太平記」ほか、長編約80編、短編約180編という膨大な小説を残している。

※4　ブルース・リー
（BLUCE LEE／李小龍 1940～1973）
1973年『燃えよドラゴン』で世界中に功夫映画ブームを巻き起こした香港映画界のスーパースター。広東オペラ界で知られる俳優・李海泉を父に持ち、幼い頃から子役として20本近くの映画に出演している。代表作に『ドラゴンン危機一発』『ドラゴン怒りの鉄拳』『ドラゴンへの道』『死亡遊戯』など。32歳という若さで逝去する。

※5　赤塚不二夫
（あかつか ふじお 1935～2008）
マンガ家。1956年少女マンガ「嵐をこえて」でデビュー。1959年「ナマちゃん」（「漫画王」）、1962年「おそ松くん」（「少年サンデー」）がヒット、以降も「ひみつのアッコちゃん」「天才バカボン」「もーれつア太郎」などが大ブームとなった。

蘊蓄コーナー

この武蔵の「五輪書」。海外では「The book of five rings」として翻訳され出版されている。

武蔵のマンガといえば「モーニング」（講談社）に連載中の「バガボンド」（著：井上雄彦／原作：吉川英治）。ちなみにこの「バガボンド」とは、英語で放浪者、漂流者、ならず者の意味である。

マルティン・ハイデガー

ドイツの哲学者。フライブルク大学の教授。フッサールの現象学を基礎に新しい存在論を展開。実存主義に分類されることもある。主著「存在と時間」(1927)の他、「森の道」(1950)、「形而上学入門」(1953)、「ニーチェ」(1961)などがある。「なぜ、いったい存在者というものが存在するのか、なぜむしろなにものも存在しないというふうになっていないのか」という問は、未だ解けない神秘である。

16

第16冊
花火で読み解く ハイデガーの「存在と時間」

Martin Heidegger

1889-1976

西洋で哲学という学問が始まって以来、数々の偉い先生方が取組んできた哲学のテーマ。それは「ここに○○がある」ということ。そして20世紀ドイツ、「そもそも、その『ある』ってこと自体、どういうこと? 」と、誰一人考えもしなかった問題を突きつけた男が現われた。その人物こそハイデガー。現代思想に多大な影響を与えつつも、やすやすとは読み解けない難解本として有名な「存在と時間」を、はかなくも美しい運命をおくる「花火」に喩えて紹介します。

時代を先取る若者たちの必須アイテム、

ハイデガーの「存在と時間」。

確かに一見難し気なタイトルですが、私におまかせください。あなたが日本の夏を彩る「花火」が好きなら、すぐにわかってしまいます。

そんな、20世紀最大の哲学書と呼ばれる「存在と時間」。その厚さは500ページ。「なんだ、そんなにお厚くないじゃないか？」とお思いのあなた。しかし実はこの500ページに書かれているのは、第一章の第二篇まで。つまり未完成なのです。本当はもっと、もっともっと、もっともっとも〜〜〜っとお厚くなるかもしれなかった本なのです。ああ、実に残念！

ところが、未完成であるにもかかわらず、この「存在と時間」は哲学界に大きな衝撃を与えてしまった。それは今まで誰も考えなかった、ある疑問について語られていたからです。

1

「存在と時間」ってどんな本？

「存在と時間」、これはドイツが生んだ哲学界のカリスマ、マルティン・ハイデガーの名著である。そしてこのハイデガー、彼がどんなにすごい男かというと、例えば、後のサルトル、フーコー、デリダなど現代思想の哲学者たちは、みんなハイデガー・マニア。特にサルトルは、ハイデガーの講義に感銘を受け、「存在と無」（※1）という、よく似たタイトルの本を出してしまったほどだ（62ページ参照）。

そんな「存在と時間」は、二千数百年にわたる哲学の歴史を大きく変えたともいわれる。ではその理由を説明しよう。

ハイデガー以前の哲学者はいつも

「物とは何か? 人間とは何か? 世界とは何か?」

などを考え続けてきた。そしてほとんどの哲学者は、それに対する答えとして「物とは○○である」「人間とは○○である」「世界とは○○である」と答えてきた。しかしハイデガーは違ったのだ。

彼はこう考えた。

「これは○○である」の「ある」ではなく、「○○がある」(※2)とはどのようなことだろうか?

という、「である」ではなく「がある」への疑問。

これは、いってみれば

「そもそも人間や物が「存在」するって、どういうこと?」

ということなのだ。そして、

この疑問に哲学界はビックリ仰天!

いわばこれは、みんなで横濱カレーミュージアム(※3)に行って「やっぱりハヌマーン(※4)のチキンカリーが一番うまかったよな」「いやいや伽哩本舗(※5)のやきカレーの方がおいしかったよ」と議論している時に、「そもそもカレーってどういうもの? 」と言い出すくらいに、非常にインパクトのあることだったのだ。

それまでみんなが当たり前だと思っていたことに、あえて疑いの目を向けた。ハイデガーのこの指摘は、ヨーロッパの哲学者たちの目からウロコをポロポロと落とさせたのである。

ハイデガーはいっています。

「『存在』とは何であるか？
そう問うことができるのは人間だけである」と。

確かに石は「存在」とは何なのかと疑問をもったりはしません。カメも「存在」とは何なんだと悩んだりしません。人間だけが「存在」とは何かを考えることができるのです。そしてその人間のことを、ハイデガーは

「現存在」

と名づけました。

人間＝現存在

さて、「現存在」である人間だけが抱き得る疑問、「『存在』とは何であるのか?」。その疑問に対するハイデガーが導き出した答えは、非常に難解ですが、私はそれをいとも簡単に読み解くアイテムを見つけ出しました。それが夏の風物詩「花火」なのです。

2

「存在」とはどういうものか?

「存在」とはどのようなものか?　ハイデガーがそう疑問を投げかける以前、人々にとって存在とはどうとらえられていたのか?

そこでまず、線香花火という「存在」について考えてみよう。ハイデガー以前の考え方ならば、この線香花火という「存在」は、

「硫黄・炭粉の配合薬およそ0.1グラムを、
赤・緑・黄色などに染められた薄い紙により込み、
火をつけると火花を散らす玩具である」

と、あくまで物理的なものとして説明されてきた。しかし、ハイデガーにとっての「存在」はまったく違ったのだ。ハイデガーの「存在」をぶっちゃけて言い換えてしまうとこうなる。

「存在とは、気分として理解される」

ちょっとわからない。そこで、あるシミュレーションをして、わかりやすく説明しよう。もちろんこれは、ハイデガーの「存在」とはどのようなものかを知るのに大切なことだ。

あなたは18歳の女子大生。
この7月からつき合い始めた彼氏と
一泊旅行に来ている。
ちなみにその彼氏はあなたにとって生まれて初めての彼氏。
楽しく遊んで、そして夜。
あなたは彼に誘われて、河原へと散歩へ出かけた。
静かな夜の河原、ふと彼がこういった。
「花火やろうよ」
そう、彼はあなたに内緒で花火を用意していたのだ。
そんな彼の想いが、あなたにはうれしかった。
二人、河原にしゃがみ込み、線香花火に火をつける。
風に苦労しながら、ようやく線香花火に火がついた。
たよりなく手元を照らす線香花火の火が、あなたの瞳にうつる。
その時あなたはこう思うはずだ。
今夜のこの線香花火のことは、絶対に忘れない。

そう、今、あなたの前で火花を散らす線香花火は特別な花火。そして、この線香花火に対する、そんな特別な想いはあなただけのもの。これは誰もが感じる想いではない。

実はこれこそが、ハイデガーのいう「存在」の理解なのだ。つまり、初めての彼氏と一緒にした初めての線香花火は、あなただけの花火。他の人から見れば普通の線香花火にすぎない(客観的な存在)。あなたの花火に対する思い＝気分(情状性)。その花火は、誰にとっても同じものではなく、あなたにとって特別な花火。

だから、あなたの花火の「存在」は

取り替えがきかない。

それが、ハイデガーのいう存在なのだ。

そんなハイデガーが導き出した、「存在」とはどのようなものか? に対する答え。あなたは、なんとなくどこかで見聞きしたことがないだろうか。実は、過去大ヒットしたある曲の中で、このハイデガーの思想が歌われていたのである。

そう、SMAPが歌う「世界に一つだけの花(※5)」。それはまさにハイデガーの世界。SMAPは、そして人々は、知らず知らずのうちにハイデガーの思想を口ずさんでいたのである。

つまり「存在」とは、それはまさに「あなただけの特別なonly one」ということなのだ。

しかし、ハイデガーの考えはこれに留まらなかったのである。そして、新たなキーワードに出合うのだ。それが「時間」であった。

3

死を見つめて生きる

ハイデガーの思想を読み解くためのもうひとつのキーワード。

**「時間に生きる現存在(人間)が
そこより先にはもはや
いかなる可能性もない
究極の可能性を持っている」**

いかなる可能性もない究極の可能性……そういわれても、さっぱりわからない。実は、これもやはり、夏の花火が教えてくれるのだ。

華やかな花火の夜。
しかし、今夜の楽しい花火もいつか終わりがくる。
そして花火の夜を締めくくるのは、昔からいつも線香花火である。
最後の線香花火に火をつける。
そして線香花火の終わりは突然訪れる。

人間にもこれとまったく同じことがある。

それは、自分の死。ハイデガーのいう、「いかなる可能性もない究極の可能性」とは、この自分の死のことなのだ。ハイデガーはまた、こうもいっている。

「死は確実にやってくる
死の確実性には
それが『いつ』やってくるのか
不確定性が伴っている」
それは、言い換えれば、
「線香花火の火の玉は確実に落ちる。
そしてそれは、いつ落ちるかわからない」

誰もが避けることができない死を、人は恐れる。死が怖いのは、それによって「存在」が失われてしまうから。そんな先々に待ち受ける死を忘れるため、人間は日々くだらないおしゃべりなどで時間を浪費し、その不安をごまかしている。だが、そんな風に自分の死から目をそらす人間を、ハイデガーは批判したのだ。それはなぜか。

火の玉から火花を散らす線香花火。しかし、やがてそれもジュッと音を立てて、火の玉は落ちてしまう。なんともさみしい瞬間だが、このさみしさも線香花火の魅力。このさみしさを知

らずして線香花火のすべてを語ることはできない。

同じように、人間も自分の死を自覚して、初めて自分という存在の一瞬一瞬が、より鮮やかに生き生きとしてくるはずなのだ。

ハイデガーはこういった。

「死に向かって自由であることのみが
現存在(人間)に端的な目的を与える」

つまり、自分の死をしっかりと見つめて生きることで、日々を大切にし、自分の存在を輝かせよう。そうハイデガーはいいたかったのである。

そんなハイデガーにとって特別な「存在」であったひとりの女性がいました。彼女の名前はハンナ・アーレント(Hannah Arendt)。ハイデガーの生涯と切っても切り離すことができないこの女性とは、いったいどんな人物だったのでしょうか。

4

ハイデガーとアーレント

ハイデガーとハンナ・アーレント。2人の関係は大きく3つの時代に分けられる。

I期　熱愛期（1924〜1930）

1924年、ハイデガーとアーレントは出会う。この時ハイデガー35歳。アーレント18歳。当時、ハイデガーはマールブルグ大学の教授であり、アーレントはその教え子だった。そう、2人は教師と生徒という関係でありながら恋に落ちたのである。人目を忍ぶ激しい恋。しかし、そんな恋愛にも終止符が打たれる時がやってくる。

II期　冷却期（1930〜1950）

2人の関係を変えたのは時代の流れだった。当時ドイツではナチスが台頭。ハイデガーはナチスを支持するのである。一方、若き政治哲学者として活躍していたアーレントは、そんなハイデガーの姿勢に失望、ドイツを離れる決意をする。もはや修復不可能に思えた2人の関係。しかしこの後、2人にはさらなる展開が待っていたのだ。

Ⅲ期　友愛期（1950〜1975）

ドイツ敗戦の影響は、ハイデガーにも色濃くのしかかってきた。戦争が終わると同時に教職を追放。ナチス支持者としての汚名を着せられる。そんな彼を救ったのが、実はアーレントだった。1950年、すべてのものを失ったハイデガーを見るに見かねたアーレントは、自ら彼の前に現れた。そして哲学者としての地位を確立していた彼女は、ハイデガーの汚名をはらすべく奔走。彼の著作を海外で出版するための代理人としても活躍したのだ。こうして復活した恋愛を超えた2人の絆は、その後アーレントが亡くなるまでの25年間続いた。アーレントはその死の1年前、ハイデガーに宛てた手紙の中でこうつづっている。

「あなたのなさるような講義、それをできる人は誰ひとりおりません。あなた以前にもいませんでした」

生涯ハイデガーを支え続けたアーレント。そう、アーレントはハイデガーにとっての「存在」。特別なonly oneだったのである。

死を自覚して生きる。それは言葉でいうほど簡単なことではありません。しかし眼を背けることなく、しっかりと自分の死という事実を見つめた時、人生の一瞬一瞬は輝きを増し、日々は充実したものとなるのです。

注釈コーナー

※1　存在と無
1943年刊行の本書は、サルトルの思想的生涯の前半期を代表する。

※2　○○がある
ハイデガーは存在者と存在を区別する。たとえば、「コップ」（＝存在者）と「コップが存在する」（＝存在）することとは違う。また、「事物がいかに存在するか」（存在的問い）と「存在とは何か」（存在論的問い）は異なる。これを存在論的差異という。

※3　横濱カレーミュージアム
神奈川県・伊勢佐木町にあった世界初のカレーのテーマパーク。2001年1月にオープン。全国各地から有名店や個性的なカレー店を集め、ミュージアムショップやカレーに関する資料なども展示。まさにカレーの遊園地ともいえる趣であったが、2007年3月、惜しくも閉館となってしまった。

※4　ハヌマーン、チキンカリー
本格派インドカリーのお店「ハヌマーン」。十数種類のスパイスでこれほどのカレーソースを表現した店は稀といわれ、カシューナッツやヨーグルトのほかに、自家製ガラムマサラを使った北インド風カレーが特徴。また4種類のスパイスで蒸し上げられたライスが、このカレーソースとベストマッチ。究極インドカリーと言われたが、店主が高齢となり、2006年にカレー界から引退することになってしまった。

※5　伽哩本舗、やきカレー
福岡県・博多の元祖焼きカレーの専門店。製法に特許を持つという、このお店自慢の「焼きカレー」は、長時間かけて煮込んだブイヨンにスパイスをまぶし、オーブンでじっくり焼いた牛肉と玉ねぎを加えてさらに煮込み、２日間ねかせたというカレー。具となる牛肉や鶏肉も別々に調理し、肉汁をしっかり閉じ込めたとてもジューシーな味わいである。

※6　世界に一つだけの花
もともとは2002年7月に発売されたアルバム「SMAP 015 / Drink! Smap!」に収録されていた楽曲であったが、2003年にフジテレビのドラマ「僕の生きる道」の主題歌としてシングルカットされた。しかし、その後2003年度唯一のミリオン、そしてダブルミリオンを達成し、2003年の代表曲となった。なので、アルバムバージョンとシングルバージョンでは楽曲アレンジおよび、メンバーのボーカル順が異なっている。作詞、作曲は槇原敬之。

蘊蓄コーナー

1916年、ハイデガーはかねてから尊敬していたフッサールを訪ね、彼の著書「内的時間意識の現象学」の草稿の編集をしている。このように、2人には親密な師弟関係が結ばれていた。また1928年、フッサールの後任としてフライブルク大学の正教授に招かれたが、これはフッサールが自分の後を継ぐ、適任者として彼を選んだためであった。

1920年代、ドイツ南西部のシュヴァルツヴァルト地方の人里離れた山小屋で、ハイデガーは妻と2人で自然の中での質素で禁欲的な生活を送った。詩人ヘルダーリンの助けを借り、こうした生活を送ることで、彼なりの存在の秘密を探ろうとするものであった。

ナチスとのハイデガーの関わりは、短期間ではあるものの、彼の後の人生に不運な影を落としてしまう。中でも、1933年11月の総長になっていたハイデガーが、学生におこなった演説がもっとも大きなもので、この時の彼は「もはや諸君らが教義や思想に存在を支配されることは許されない。ヒトラーみずからが、そして彼のみが、ドイツの現在および将来の真実なのである。彼の言葉は諸君の法である」と述べてしまったのである。しかし、彼はナチスを認めてはいなかったし、自分の哲学がナチの宣伝文書に使われるのを断わりもしている。ただ彼は、新たな指導者が権力を握るにあたり、ドイツの知的文化の再興がはかれるのではないかという希望のため、このような発言をしたと考えられている。

実存主義に多大な影響を与えたといわれるハイデガーであるが、その著書「ヒューマニズムについて」の中で、自分の見解が実存主義として表されることに対し、彼自身キッパリと拒絶している。

花火は、中国からイスラム諸国経由でヨーロッパに伝えらたという。そのヨーロッパにおける花火の最古の記録は、14世紀後半、イタリア、フィレンツェでの打ち上げ花火といわれている。

ジェレミー・ベンサム

イギリスの法学者、倫理学者。主著「道徳と立法の原理序説」(1789)では、人間は快楽を追求し、苦痛を避ける功利的な存在であるとし、すべての道徳・立法の根拠は「最大多数の最大幸福」の実現にあるとした。功利主義の提唱者。

17

第17冊
アミューズメントパークで読み解く
ベンサムの
「道徳及び立法の原理序論」

Jeremy Bentham

1748-1832

「最大多数の最大幸福」。わかりやすくいうと、何かをやるとき(特に役所や企業が)はできるだけ多くの人が喜ぶようなことをするべき、という考え方。現代に生きる人ならば「そんなの当り前でしょ?」と思うところだが、実はこれ18世紀末にイギリスのベンサムという社会思想家が初めて唱えた思想であり、それまで何となく曖昧なままコトが進んでいた政治、経済のあり方に、誰もが納得できる単純明快な基準をもちこんだ画期的な思想なのであった。

こ の章で取り上げるのは、ベンサムの書いた

「道徳及び立法の原理序論」

長いな〜このタイトル！ でも、現在の社会政策にたいへん役立っている哲学の本です。しかも非常にぶ厚い。

ベンサム自身、こんなことをいっています。「この本は無人島にでも行かないかぎり読破することはできない」と。そんなもん書くな〜！ とつっこみたいお気持ちはよくわかります。しかし、この本を無視してしまうということは、「あぁ、やっと卒業論文書き終わったー！ はぁ〜(ため息)。あっ！ 嘘っ!! パソコンがフリーズ〜っ!!」……と、これくらいもったいないこと。実はこの本を読むと、とってもハッピーな気分になれるのです。

1

「道徳及び立法の原理序論」はどんな本?

今をさかのぼることおよそ200年。ロンドンの哲学者ジェレミー・ベンサムが、一冊の本を書き上げた。それが「道徳及び立法の原理序論」。

といわれても、これが何について書かれた本なのかは、叶姉妹（※1）のプライベート以上に想像しづらいこと。しかし、この聞き慣れないタイトルとは裏腹に、この本のテーマは誰もが一度は見聞きしたことがあるはずだ。

そのテーマとは、

「最大多数の最大幸福」

この内容は、ある高校の倫理の教科書には31行にもわたって登場している。が、すっかりと忘れてしまったあなたにわずか6行で説明するのでご安心を。ベンサム

が一番伝えたかった思想、それは、

**「人が何か行動を起こす時は
より多くの人々に
より多くの幸せをもたらすことを考えて
行動しなければならない。
その行動こそが
正しい行動である」**

ということ。つまりこの本は、より多くの人々を幸せにする方法が書いてある本なのである。

より多くの人々を幸せにする方法を考え出したベンサム。幸せ……なんていい響きなんだ。でも……♪幸せ〜って、何だぁ〜っけ？ 何だぁ〜っけ？……いったい何が幸せで、何が不幸せなのでしょう？

そこでベンサムは、幸せと不幸せをについてこういいました。圧縮すると「幸せは、善！ 不幸せは、悪！」。それではこのベンサムの功利主義を、アミューズメントパークで喩えてみましょう。

2

ベンサムの思想、善と悪とは？

福沢諭吉や大隈重信も愛読していたというベンサムの「道徳および立法の原理序論」。その冒頭の部分には、こう、しるされている。

それは……

**「人間は快楽と苦しみという
二つの支配下におかれている」**

これは、人間は快楽＝幸せ、苦しみ＝不幸せといった、2つの原因にもとづいて行動しているということ。さらにベンサムは、

人間の快楽や幸せを増すような行為を善
苦しみや不幸せを増すような行為を悪

と考えたのである。これを

功利の原理

という。

え？ あたりまえのことを、わざわざいうなって？ いやいや、こんなにシャープな分類をした哲学者は、ベンサムが最初だったのである。なぜなら、従来のキリスト教的な考え方では、できるだけ快楽に流されないようにという、どちらかというと我慢しなさい、苦しみなさいというのが世間の常識だったのだ。つまり快楽と苦痛が、そのまま善と悪という道徳的判断にまでつながってしまうところ。これがベンサムの画期的なところだったのである。

そして、このような思考の転換をおこなうと、なんと政治や経済の傾向と対策がうまくたてられるようになってしまうのである。

それではここで、ベンサムのいう善と悪を、アミューズメントパークで例えてみよう。

ある日、A社長はこう悩んでいた。最新アミューズメントパークである「おあついパーク」を作るべきか？ 作らないべきか？

そこで、仮に「おあついパーク」を作ったとする。世界初、レールが見えないジェットコースターや、世界初、誰でも浮かぶプールなど、斬新なアトラクションの数々に、たくさんの人々が、楽しい、幸せだと思うはず。

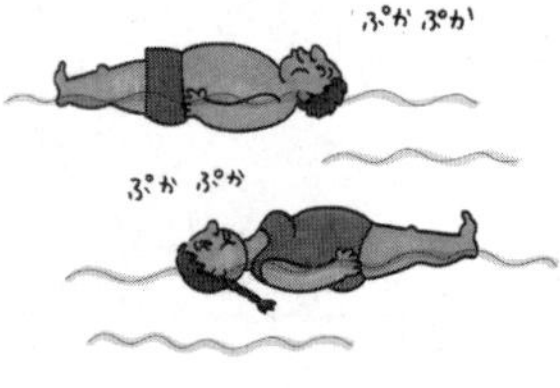

これはベンサムのいう、人々の幸せを増すような行為、善である。

しかし、その一方で、「おあついパーク」を作ったために、渋滞やゴミ問題が発生したとしたら……不快だ、不幸せと思う人もいるはず。

これがベンサムのいう、不幸せを増すような行為、悪である。

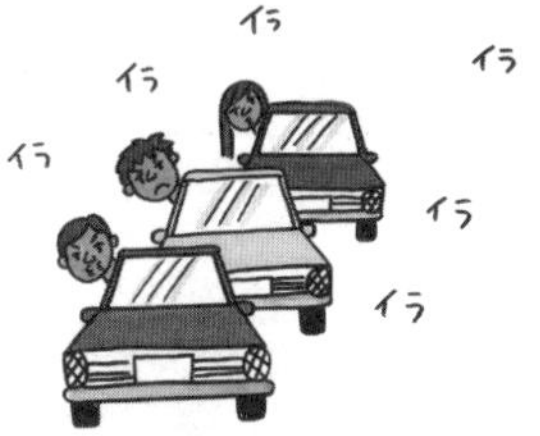

そして、ここでベンサムの決めの文句

「最大多数の最大幸福」

の登場である。これは、

「それぞれの人の幸福を足し算したものが一番大きくなる時にこそ、本当に社会は幸福になる」

ということ。

つまり、「おあついパーク」を作ろうとした時、パークを作ることによって、最大のパフォーマンスで多くの人が幸せになれるのならば、それは作るべきなのであるという意味になる。

そしてこのベンサムの「最大多数の最大幸福」という考え方が、現在の社会政策のベースのひとつとなっているのだ。

より多くの人々に、より多くの幸福っていわれても、漠然とした話ですよね。もっとそれが具体化できればなぁ〜、あっ、そうだ！ ベンサムが発明した「快楽計算」があるじゃないか！ と、なんとも、気持ち良さそ〜な名前の計算式。これは一体、何なのか？ その謎を解く鍵は、やはり、みなさんの大好きなアミューズメントパークにありました！

3

ベンサムの快楽計算とは？

ベンサムは、ある画期的な幸福の計算法を発明した。その名も

「快楽計算」！

これは、

「ある行為が、どれだけ多くの人々に、どれだけ多くの幸せをもたらすかをチェックする計算法」

のこと。

ベンサムは、「快楽の強さ」「持続性」「確実性」「遠近性」「多産性」「純粋性」「範囲(関係者数)」という7つの条件をあげて、これらをより多く満たすことが、より多くの人々に、より多くの幸福をもたらす行為としたのであった。そう、まさに社会政策の採点表。

そしてベンサムは、この7つの条件をより多く満たすことが、

**「より多くの人々に、
より多くの幸せをもたらす行為」**

としたのであった。

それではこの7つの条件を、夏休みに遊びにいくには最適な「LaQua（ラクーア）」（※2）で例えてみよう。

その1. 快楽の強さ

これは人々にどれだけ強い快楽のインパクトを与えられるかということ。アミューズメントパークにはインパクト満点のアトラクションが必要不可欠だ。「LaQua」には、ダイナミックに建物を突き抜ける「サンダードルフィン」（※3）や世界初センターレス大観覧車「ビッグ・オー」（※4）など、まさに人々に与えるインパクトは十分なのである。

その2. 持続性

これは人々に愛され続けるということ。アミューズメントパークには、一日中飽きさせないという演出が必要不可欠。「LaQua」では時間によって照明や音楽が変化する「ウォーターシンフォニー」（※5）や、予告なしに突然始まるピエロショーなど、飽きさせない要素は申し分ない。

その3. 確実性

これは確実に人々が集まるということ。1800年も前から人々に大人気の温泉。ということは、天然温泉（※6）が目玉の「LaQua」は、より確実に人々を呼び込めるのである。

その4. 遠近性

これは実現の時期の近さ、つまりすぐに楽しめるかということ。アミューズメントパークでは待ち時間がなく楽しめることが必要不可欠。「LaQua」にはアトラクションの予約サービスがある。これで並ぶことなく、すぐに楽しむことができるのである。まさに、至れり尽せりである。

その5. 多産性

これはどれだけバラエティーに富んでいるかということ。「LaQua」は疲れを癒してくれるマッサージや、世界の料理が味わえるレストラン。そしてライブパフォーマンスや、個性溢れる専門ショップなど、楽しめる施設が満載の総合アミューズメントパークなのである。

その6. 純粋性

これはマイナス面がないということ。一日中アミューズメントパークで遊んでいれば、少しは疲れが生じる。そんなマイナス面の疲れも、「LaQua」の「ヒーリングバーデ（低温サウナ）」で汗を流せば、気分爽快、リフレッシュ。これにより純粋に楽しい思い出だけが、心にきざまれるのである。

その7. 範囲（関係者数）

これはいかに幅広い影響力をもたらすかということ。「LaQua」は温泉が大好きなお年寄りから、アトラクションに目がない子供まで、幅広い年齢層に支持されているのである。また、「LaQua」に関係する近所の人々の反応も含まれる。

と、このように、7つの条件をより多く満たしている「LaQua」は、より多くの人々に、より多くの幸せをもたらしているアミューズメントパークなのである。ちなみにこの快楽計算は、今でも橋や建物などの公共施設を作る時に用いられる、優れた計算法なのであった。

「最大多数の最大幸福」。なんとすばらしい思想でしょう。ちなみに、ベンサムは快楽計算によって最大幸福の効果をあげるには、人間に法律的な制裁を加えなければならないと考えました。社会の幸福を阻害する人間が現れると、ベンサムは「ホーレ、おしおきだべんさむ～」と怒ったそうです。

ところで、ベンサムは意外な側面をもっていました。なんと、彼はミイラ男だったのです!!

4

ベンサムの知られざる人生

「僕は小さいが哲学者です」と、8歳の頃からこう自己紹介していた、おませさんのベンサム。

しかしその哲学者ぶりが災いして、後に彼はとんでもない悲劇に襲われるのだった！

ある日ベンサム(33歳)は、友人からカロリーンというかわいらしい清楚な女性を紹介される。ベンサムは、そんなカロリーンに一目惚れ。夜も眠れなくなるほど、彼女のことを好きになる。さぁ、ここからベンサムの猛アタックが開始する!? ……と、思いきや…… そこには、一人、思い悩むベンサムの姿が……。そう、彼は大哲学者。

なんと、ベンサムは自分がカロリーンにとってどれだけ多くの幸福を与えることが出来るのかを日夜、考え続けるのだった。

こうして、考えに考え抜いたある日のこと。ベンサムは、ようやく「カロリーンを、いっぱい幸福にできる！」という確信を得る。

そこで、ベンサムは、すぐさま「結婚して欲しい！」とプロポーズ！

ところが!!

その時、ベンサム68歳。初めてカロリーンと出会ってから、実に35年後のことだった。

遅すぎたプロポーズ。案の定、カロリーンからの返事の手紙には「お断りします」の文字が！ 結局、ベンサムは生涯独身を通すこととなるのだった。

このように、自分が相手にどれだけの幸福を与えることができるかについて35年間も悩み続けたベンサム。彼の発明した快楽計算は、悩んだその恋にも適用された血と涙の思想的結晶だったのだ。

ちなみに、ベンサムは、晩年、こういい残したのだった。

「自分が死んだら、ミイラにして
ロンドン大学に展示してくれ」

と……。

これは死後の自分までをも見世物にして、より多くの人々により多く幸福を与えたいというベンサム哲学に他ならない。18世紀の大哲学者ベンサム。彼こそ「最大多数の最大幸福」を今も身をもって実践し続ける、究極のエンターテイナーなのである。

いかがでしたでしょうか? ベンサムの「道徳および立法の原理序論」。是非、あなたも快楽計算をマスターして、「より多くの人々がより多く幸せになること」を考えて行動することをオススメします。それはきっと、あなたにも幸せをもたらすでしょうから。

注釈コーナー

※1　叶姉妹

叶恭子と叶美香のユニット。トータルビューティーアドバイザーとして活躍する姉妹。セレブの代名詞的存在として、圧倒的な人気を博す。

※2　LaQua（ラクーア）

2003年にオープンした、東京ドームシティにあるエンターテインメント施設。スパ、アトラクション、ショップ＆レストランの３つのゾーンからなる。東京ドームで楽しんだ家族はもちろん、サラリーマンやOLも、会社帰りに手ぶらで立ち寄ることができる。
http://www.laqua.jp/

※3　サンダードルフィン

80mの高さから80度の角度で落ちていくジェットコースター。最高速度は130kmで観覧車の輪をくぐり抜けてゆくなど、LaQua内を所狭しと駆けめぐってゆく。

※4　ビッグ・オー

中心が空洞になった、世界初のセンターレス観覧車。直径60mの輪を、およそ15分で回転。夜は美しい東京の夜景が堪能できる。

※5　ウォーターシンフォニー

「水」と「光」と「音」による交響曲。夜はライトアップもされ、LaQuaを癒しの空間へと演出している。

※6　天然温泉

なんとSpa LaQuaでは、地下1.700mから湧き出た天然温泉を使用している。これらスパ・ゾーンには、屋内・露天の大浴場はもちろん、サウナ、アトラクションバスなども完備。この他にも、５つの低温サウナとリゾート気分が味わえる空間「ヒーリングバーデ」や、リラックスチェアが170席並ぶ「リラックス・ラウンジ」などがある。都会のど真ん中で温泉につかって、リフレッシュ気分を存分に堪能できる。

蘊蓄コーナー

功利主義とは、いかなる場合も、その結果が関係した人間すべての幸福の総和を最大化するものがおこなわれるべきだとする規範理論のこと。そして各人の幸福は、快楽や欲求、あるいは選好の充足の程度によって計られるとするもの。つまり「最大多数の最大幸福」であり、これをベンサムが「道徳と立法の原理」として明確に打ち出したのであった。

そして後に功利主義は人々の快楽の良し悪しを問題にせず、無批判に満足させることを善しとする豚の哲学だという批判があがるようになった。そこでベンサムの弟子のひとりであるJ.S.ミル（1806〜73）が登場する。彼は快楽の質そのものを区別し「満足した豚であるよりも、不満足な人間の方がましであり、満足した愚か者よりも、不満足なソクラテスの方がましである」と述べた。幸福とは単なる欲求の満足ではなく真の利益の実現だとするこの主張であり、功利主義をさらに発展させていった。

晩年のベンサムは、死者がいかにして生者の役にたてるかという問題について考えるようになったという。それは「自己像」という著作に詳しいが、適切な防腐装置をほどこせば誰でも自分が記念像になることができる。なので、名士たちの記念像を木立の間に適当に配置したらよいというようなことを述べている。

ロンドン大学のユニヴァーシティ・カレッジ設立の寄付を記した遺言状の中で、ベンサムは衣服をつけた自分自身の骸骨と蝋漬けにした頭部を保存するように命じたという。

ベンサムは、人間だけでなく、動物の苦痛と快楽も考慮に入れるべきだといち早く主張したことでも知られている。

福沢諭吉
(ふくざわ ゆきち)

明治前半期の洋学者、啓蒙家。九州中津藩の中級武士の家に生まれ、大阪で蘭学を学んだ後、江戸に蘭学の塾を開校する。また英学を独修。幕府の使節に随行し、3度欧米に渡る。1868年、塾を慶応義塾と命名。1873年明六社の創立に参加。1882年「時事新報」を創刊している。著書に「西洋事情」(1866)、「学問のすゝめ」(1872)、「文明論之概略」(1875)などがある。

18

第18冊

グルメで読み解く 福沢諭吉の「学問のすすめ」

Yukichi Fukuzawa

1835-1901

床いっぱいの福沢諭吉の上に寝転がり、諭吉で煙草の火をつけながら、飼いヤギが諭吉を貪り食べている光景を眺める……そんな諭吉に囲まれて暮らす生活は夢だとしても、福沢諭吉が何を考えて、何を主張していた人かご存じですか? ここでは数多い彼の業績の中でも、明治初期の日本国民を啓蒙し、日本の近代化の精神的原動力のひとつとなった名著「学問のすすめ」をピックアップし、おいしいグルメ事情に喩えて紹介します。

みなさんが大好きな1万円札に描かれているのは、何才の時の福沢諭吉かご存知でしょうか？　答えは、この章の最後に教えてあげましょう。「トリビアの泉」で53へぇくらいはゲットできるかもしれません。

それはともかく、あなたは

「学問のすすめ」

をお読みになったことがあるでしょうか？　この本を読まないなんて、それはいつも大行列ができる店、慶應大学前の「ラーメン二郎」に、並ばなくても入れるのに入らないのと同じくらい、もったいないこと。

でもご安心を。今回は、誰もが気になる東京のレストラン事情と共に「学問のすすめ」を読み解いてみせましょう。あなた、おいしいお店とお厚いのが、お好きでしょ？

1
学問のすすめとは？

2004年から新しい紙幣が導入された。樋口一葉と野口英世が登場して、一万円札の福沢諭吉は留任した。では、なぜ福沢諭吉だけ残るのか。当時の塩川財務大臣は

「これからの日本を考え、学術、男女共同社会など幅広い観点から選んだ」

と語ったが、実は小泉首相と塩川財務大臣が慶応大学出身だからという説もあるらしい……。

そんな慶応大学の創始者、福沢諭吉が、明治維新のまっただ中に書き記したのが、この「学問のすすめ」である。しかし、ここで衝撃的な事実を公表しなければならない。「学問のすすめ」を代表する冒頭の一説

「天は人の上に人を造らず人の下に人を造らず」

というあの有名な言葉は、なんと福沢諭吉のオリジナルではないのである。改めて、その言葉の後ろの部分を思い出してほしい。そう、

「と云へり」

という一語がついている。

これは今風にいうと

**「天は人の上に人を造らず人の下に人を造らず
っていわれてるよねぇ」**

ということになるのだ。では、この有名な言葉は誰のオリジナルなのか。それは、アメリカ独立宣言の一部を福沢が訳したものという説が有力なのである。そんな「学問のすすめ」だが、明治5年に出版されるや爆発的大ヒット。売れた部数はなんと340万部。ちなみに当時の日本の人口は3500万人だから、なんと10人に1人が「学問のすすめ」を持っていたということになる。

ではなぜ「学問のすすめ」は大ヒットしたのであろうか。福沢諭吉自身はこう語っている。

「自分は猿に読んでもらうつもりで書いている」

猿にもわかる。それはつまり、どんな人にでも理解できるように書けば、多くの人に知識がつき、それにより日本が豊かになると考えたのだ。

しかし、それから130年あまり。猿でもわかる「学問のすすめ」を読んでいる日本人はあまりにも少ない。

例えば慶応の現役学生に聞いてみても、

「今いちわかってないですねぇ」
「勉強についてだと思います」
「まぁ、努力して勉強せいっていう感じじゃないんですか？」
「勉強しろという内容の本だと思います」
「ええと、あんま憶えてないんですけど、
確か一般的な人生指南の本だったって風に思います」
「堅そうな本……」

と、こんな感じである。それでは「学問のすすめ」とは、いったいどんな本だったのであろうか?

「世の中には豊かな人もいれば、貧しい人もいる
その差は、学問をする、しないによって生まれる
つまり学問をすれば、
人はお金持ちになったり、偉くなることができるのだ」

実に、「学問のすすめ」とは、ただ闇雲に勉強しろ! といっている本ではない。それはお金持ちになったり、偉くなったりするための成功の秘訣が記されたHow to本。現代でいうなら、ベストセラーにもなった「金持ち父さん貧乏父さん」(筑摩書房)みたいな本なのである。

そんな、人生を成功に導くための本「学問のすすめ」。では、具体的にはどんな秘訣が記されているのでしょうか。みなさんがより親しみやすく勉強できるように、今回は有名な言葉をこう置き換えてみました。

「店(てん)は人の上に人を造らず、人の下に人を造らず」

店(てん)とはお店、レストランのこと。そして人とは、お客さんのこと。つまりいい店は、どんな客も平等に扱うというわけです。と今回は、このように成功したレストランの実例を見ながら、「学問のすすめ」をひも解いてみようと思います。

2

グルメブームと学問のすすめ

東京のグルメブームを支えるひとつのキーワード。それは「オーナーシェフの店」。その流行の影には福沢諭吉の「学問のすすめ」が深～く関わっているのである。

例えば、港区六本木にある人気日本料理店「櫻川（※1）」。ご主人の倉橋さんが作り上げる熟練された料理は、一皿一皿が贅沢で華があり、和食通たちの隠れ家的お店としてにぎわっている。

が、しかし「最初ほとんど宣伝しなかったので、毎日お客さまがいらっしゃらなくて、帰りは毎晩空を見上げて泣いて帰ってました」と主人はいう。そんな苦しい時期を、努力と勉強によって乗り越え今に至ったのである。

福沢は「学問のすすめ」でこう語っている。

「一身独立して一国独立する」

これは、

「国が独立し、豊かになるためには、
個人の努力と勉強が必要不可欠」

ということ。そう、このように料理人の努力なくして、今日のグルメブームはなかったということなのだ。

さらに、フレンチの神様、石鍋裕が森永乳業から「石鍋シェフのミルキーな白いプリン（※2）」を発売。コンビニで気軽に石鍋のプリンが食べられると大人気を博している。これは新しい発想だ。それに対して福沢諭吉は、

「怨望はあたかも衆悪の母のごとく
人間の悪事これによりて生ずべからざるものなし」

といっている。

これは、

「新しい発想で儲けることは良いことである。むしろ気をつけなければならないのは、羨み、ねたまれることである」

ということ。

ちなみに福沢諭吉も、自らの慶応義塾で、日本で最初に生徒が授業料を払うという制度を導入。その学校経営でかなりの成功を収めた。しかし、それを良く思わない人からの酷評が後を絶たなかったといわれている。つまり、成功した料理人はねたみに気をつけなければならないということなのだ。

「学問のすすめ」は料理人に向けた書ともいえるほど、料理界のことを的確に表しています。しかし、ここまではほんの前菜。次章より、具体的なレストランにスポットをあてながら、「学問のすすめ」をご説明しましょう。

3

超人気レストランと学問のすすめ

東京にある超人気レストランには「学問のすすめ」の思想が実践されていると思える例が、いくつも見ることができる。

例えば、代官山の超人気レストラン「誤時（※3）」。シェフの加賀田京子さんが作り出すその料理を見ると、どこか普通のフレンチでないことに気づく。それは日本の食材をふんだんに使った、見事なまでの和風テイストのフレンチ。「このお店は弟が和食をやっています。和食とフレンチのお互いのいいところを取り入れた料理を考えています」というように、シェフの加賀田さんの弟が和食の料理人。お互いの世界の料理の世界を学びながら、新たな一皿を生み続けるのである。これはまさに福沢の以下の言葉を意味しているともいえよう。

**「学問の要は活用にあるのみ
活用なき学問は無学に等し」**

これは「社会に応用できないような学問は無学といわれても当然。学んだことはそれを生かしてこそ、初めて意味があるのである」ということ。そう、加賀田シェフは日々学んだすべてを、皿に託しているのだ。

そして、港区青山にも福沢の門下生的料理人がいた。「REIMS YANAGIDATE（※4）」のシェフ柳舘 功である。

フランス・シャンパーニュの名門レストラン「ホワイエ」で修行した柳舘が作り上げる独創的なフランス料理は、まさに芸術品と呼べるものばかり。そんな柳舘の店で働く料理人は3人。日頃から温厚な柳舘さんは、ひじょうに面倒見がよく、弟子たちへの愛は人一倍強い。

ところが、「一度、厨房に入れば、そこはもう戦いの場ですから、当然厳しくなります」という。そう。厨房に入ったとたん、さっきまでのやさしいシェフは鬼軍曹と化す。これはまさに福沢のこの言葉を意味している。

「世話の字に二つの意味あり
一つは保護の義なり
一つは命令の義なり」

つまりこれは、「世話には保護と命令の2つの意味があり、保護とは人に付き添って金や物を与えて面倒をみること。命令とは人の為に意見し忠告することをいう。この保護と命令を備えるのが、真の世話である」という意味。そう柳舘シェフは、弟子たちを世話しながら、おいしい料理を作り続けているのだ。

ちなみに福沢が世話により世に輩出した人物はご覧のとおり。

尾崎行雄（1858〜1954） 憲政の神様

犬養 毅（1855〜1932） 29代内閣総理大臣

歴史に、「もしも」という言葉は許されないが、福沢諭吉が慶応義塾の他に、もしも福沢料理学校を作っていたなら、日本の料理界のレベルはさらにあがっていたに違いない。

福沢諭吉を使って、人気のレストランで食事をする。その店の人気の秘密は、再び福沢諭吉の「学問のすすめ」にフィードバックされる……。今回私が発見したこの一致は、決して偶然ではなく、必然でした。何を隠そう福沢諭吉自身、相当なグルメだったのです。

4

福沢諭吉のグルメのすすめ

福沢諭吉の思想と、現代レストランとの一致。しかし、歴史を遡ると、それは必然の結果であったことが分かる。

それは、明治初頭のこと。当時の政府が、東京の学食ランキングをおこなった。その結果は

第1位　学習院大学
第2位　慶応義塾大学
第3位　東京帝国大学

この結果に人一倍怒った福沢諭吉は、すぐさま西洋料理人を呼び寄せ、学食にビーフステーキを出すという強行に出たのであった。

ちなみに、当時、魚しか食べなかった日本人に福沢が唱えた食の思想のひとつが、肉食のすすめ。そのおかげで、日本全国に牛肉が普及したというのは、あまりにも有名な話である。

その後も福沢諭吉は自ら発行していた新聞で、日本ではじめて料理の作り方を掲載。題して「何にしようね」。そこでたくさんのレシピを紹介し、おいしいものを食べるというグルメ思想の普及につとめるのであった。

学問をすすめ、牛肉をすすめ、さらには晩ご飯のレシピまでもすすめた福沢諭吉。今日のグルメブームは、そんな彼の思想のおかげだといっても過言ではない。

福沢諭吉の「学問のすすめ」。何となく、読んだ気になったのではないでしょうか?

さて、冒頭お話した、一万円札の福沢諭吉さんの年齢ですが、その正解をお伝えしておきましょう。何とこの時、福沢先生は56才! つまり福沢先生は意外とふけていた……ということでしょうか。

明日からぜひ、あなたも56才を意識しながら一万円札をお使いください。

注釈コーナー

※1　櫻川
東京都港区六本木にあった「櫻川」は、現在、中央区日本橋にある「日本橋三井タワー」に移転。主人である倉橋祥晃氏の味が、こちらで堪能できる。
http://www.mitsuitower.jp/

※2　石鍋シェフのミルキーな白いプリン
2003年に森永乳業から発売されていた、カップデザート「鉄人のこだわりシリーズ」の1品。苺ソースの上に、良質な乳脂をふんだんに使用し、練乳を入れた白いプリン。コンビニで手軽に味わえる鉄人の味であった。現在は販売終了。

※3　誤時
加賀田京子シェフは、代官山の「レストラン誤時」を引っ越し、2009年1月に「Bistro あおい 食堂」(世田谷区代沢)をオープンさせた。
http://www.sanshoad.co.jp/kagata/index.html

※4　REIMS YANAGIDATE
(ランス ヤナギダテ)
シャンパーニュ直輸入のシャンパンと、フランスで修行を積んだ柳舘シェフの独創的なフランス料理店。種類豊富なシャンパンは店内のワインカーブに収められており、閲覧も可能。
http://www.reims.co.jp/

蘊蓄コーナー

早慶戦（慶應では慶早戦と呼ぶ）で有名な両大学のライバル関係。しかし、その慶應の創立者・福沢諭吉と早稲田の創立者・大隈重信は仲が良く、早稲田の開校式には諭吉が来賓として招かれている。ちなみに二人とも九州人（福沢・大分県、大隈・佐賀県）である。

「学問のすすめ」の「天は人の上に人を造らず、人の下に人を造らずと云えり」の後には、「実語教に、人学ばざれば智なし、智なき者は愚人なりとあり。されば賢人と愚人との別は、学ぶと学ばざるとに由り出来るものなり」と、寺子屋で広く使われた「実語教」からの引用が続いている。なかなかオリジナル思想が出てこなかったりして……。

江戸に出て塾を開いた福沢諭吉は、1860年に幕府使節がアメリカに渡るに際して、咸臨丸に乗船することが許された。明治維新後は塾の経営に専念し、これを慶應義塾と名づけたのである。

慶應義塾は、東京で最初に牛肉屋を開いた「中川屋」のお得意さんだった。牛肉屋が肉を売りに来ると、慶應義塾の門番が切火をきって清めの儀式を行い、肉を受け取ったという。牛肉屋は台所に入れてもらえなかったらしい。明治初期においては、まだ肉食は穢れた行為であるという古い考え方が抜けなかったのだ。肉は窓越しにこっそりお金と交換された。まるで、やばい品物の取引のようであった。

日本では牛の肉を食べるという習慣は、古代ではおこなわれていたものの、仏教が伝わって以降、その宗教的な思想から1200年の間、禁じられてきたのである。しかし、そんな肉食禁止の歴史にピリオドを打った人物。その立て役者こそ、実は福沢諭吉であった。
現在、日本ですきやきや牛丼が食べられるのは、まさに彼のおかげなのである。

フランツ・カフカ

旧オーストリア=ハンガリー帝国領、現チェコのプラハのドイツ語系ユダヤ人作家。極端に不自然な出来事を、逆に極めて自然でリアルな文体で描き、独特の現実性を与えている。第2次世界大戦後、特に実存主義者から注目され、一躍20世紀文学の重要な作家として脚光を浴びるが、作品自体が持つ神秘的な謎の深さが、対立するさまざまな解釈を生んでいる。代表作は「変身」(1915)など。

19

第19冊
占いで読み解く
カフカの「城」

Franz Kafka

1883-1924

冒頭部分を朗読してタイトルを当てるという小説イントロクイズがあれば解答率No.1になること間違いナシの「朝起きたら虫」(たぶん2位は「トンネルを抜けると雪国」)、そのクイズの正解「変身」を始め、20世紀文学界、最大の衝撃ともいえる不条理小説を生み出した作家カフカ。今回のテーマ本は「お薄い」のが多い彼の小説でも、珍しく「お厚い」作品である「城」。これを「占い」を例えに、わかりやすく紹介していこう。

みなさん。カフカの「変身」はさすがにご存じですよね。では「城」は？え？ ご存知ない？ あ。いやいや、心配することはありません。ヨーロッパが生んだ偉大なる小説家、

フランツ・カフカ。

それでは、このカフカというのはどういう意味かご存知ですか？ 実はカフカというのはチェコ語でカラスという意味なんです。カフカとカラス。どちらも「カ」から始まる3文字の言葉！ ものすごい神秘的な偶然！（でもないか……）。そんなカフカが作り出したのは、その名に負けず劣らずの奇妙な世界でした。

1

カフカの奇妙な世界

かつて哲学者サルトルは、カフカを指してこういった。

「彼こそ現代の最大の作家のひとりである」

サルトルが、「僕もその中のひとりなんだけどね……」とつぶやいたかどうかは定かではないが……。

そんなカフカの小説を読み解くキーワード。それはズバリ、

「不条理」。

例えばカフカの代表作「変身」は、主人公グレーゴルが目を覚ますと、巨大な虫になっていたというところから始まる。なぜ虫になったのかの説明は一切なし！

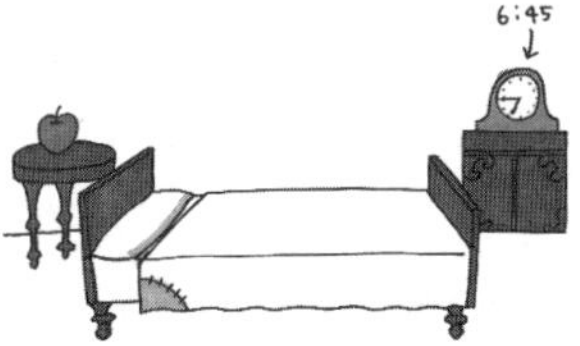

しかもグレーゴルは虫になったことなど、たいして気にせず、むしろ仕事に向かう列車に間に合わないことを心配するばかり。まるで「ごっつええ感じ」のコント「とかげのおっさん」(※1)、あるいは、人気マンガ「ボボボーボ・ボーボボ」(※2)の鼻毛真拳・奥義といったところであろうか。

また、長編「審判」では、主人公ヨーゼフ・Kが30歳の誕生日の朝、理由もなくいきなり逮捕されてしまい、その一年後そのまま処刑されてしまう。その理由もやっぱりわからずじまい。理由も説明もないなんて、確かに不条理。いや、もっというなら、ただのメチャクチャ。

しかしそれこそ、カフカの小説が人々に衝撃を与えた原因だったのだ。それはまさに、現代でいうなら、おぎやはぎのコントが世界中に衝撃を与えたようなもの。

そんなカフカが書いた作品の中で、最も不条理といわれている作品が、この「城」なのである。そんな550ページ（文庫版）に及ぶ、この長編小説の話を20字以内でまとめてみると、

「城に招かれた。
でも城には辿りつけない」

以上。と、たったこれだけ内容であるにもかかわらず、いや、たったこれだけだからこそ、「城」は20世紀を代表する1冊となったのだ。

城に招かれたのに、辿り着けない……。これは一体どういうことなんでしょう？ 主人公は道に迷ってしまったのでしょうか？ それとも城の場所がわからない？ いいえ、そうではありません。城は、確かに、目の前に見えているのです。なのに辿り着けないなんて、そんなバカな話あるわけないじゃん……と思ってしまったあなた。実はそんなバカな話が、私たちの身の回りでも起こっていたのです。その謎を解く鍵は、なんと、占いに隠されていました！ さぁ、この占いという鍵で、城の門を開けてみましょう。

2

占いで読み解くカフカの「城」

「Kが到着したのは夜も遅くなってからであった。村は、深い雪の中に横たわっていた。城山はなにひとつ見えず、霧と夜闇に包まれていた」（「城」第一章より）

小説の主人公は、測量師として城に雇われたというK。しかし、辿り着いた村の村長には、「残念なことに、われわれに測量師はいらないのです」といわれ、城に行こうとしても「ここにソリは通りませんよ」とあしらわれ、かと思えば「あなたの仕事ぶりには満足している」と、身に覚えのない感謝状が城から届く始末。

城は目の前にあるのに一向に辿り着けない。そんな不条理に満ちたカフカの世界を私たちの身の回りにあるものを使って追体験してみよう。

例えば、あなたは8月14日生まれの獅子座の女性です。あなたは今、恋に悩んでいます。

そんなあなたの目に止まったのはある女性雑誌の星占い。そこにはこう書かれていました。

「片思いの立場は有利。今月のあなたを無視できる男性は少ないはず」なんと素晴らしいお告げ。

すると今度は別の雑誌の占いが目に止まりました。それを読むと

「片思いの人は1対1になるとギクシャクしそう。今の関係を維持したい時です」と、なんとさっきの雑誌と正反対のことが！

不安になったあなたは、さらにまた別の雑誌の占いに手を伸ばします。するとそこには、

「シングルの人はモテモテ期。あなたを密かに狙っている人が出現しそう」

と、そこにはなんと、また別のことが！　あぁ、一体どの占いを信じれば彼に辿り着けるのか！

ここで質問。この時あなたなら、一体どうしますか？

答え……「それは、良い占いだけを信じる」。

そう、それこそまさに「城」の主人公Kがとった行動そのもの。

彼は村びとの中で、唯一自分に好意を持ってくれた娘と、そのまま関係を持ってしまう。そうして村の学校で、共に生活を始める2人。しかし、Kの関心は城に辿り

り着くこと。けれども、村びとたちはKを翻弄するばかり。いうならばそれは、例え彼との恋が実ったとしても、本当に彼との相性はいいのか？　このまま付き合っていていいのか？　それとも別れるべきなのか？　と、いつまでたっても占いに翻弄され続ける様子とまったく同じ。

そう、カフカが描いた不条理に満ちた世界。それはもしかしたら、私たちが生きるこの世界の本当の姿だったのかもしれないのである。

と

ところで、この本をご存じですか？　「魔法の杖」（ソニー・マガジンズ）という、ちまたで人気の占いの本なんです。占い方は実に簡単。自分が迷っていることを頭に念じて、深呼吸をして本を開くだけ。ちょっと試しにやってみましょう。「今付き合っている人と、今後も交際は続けられるでしょうか？」と念じて……。

パッ。「冥王星が忘れなさいと命じています」。意味がよくわかりません。もう一回、やってみましょう。

パッ。「ダイスの目は4　誰かが邪魔しています」

誰？　誰なの!?　これぞまさにカフカの「城」状態。

と、人はなぜこうも占いが好きなのでしょう。そんな占いには、実は多くの人々を虜にするある秘密が隠されていたのです。そしてその秘密こそ、カフカの小説が時代を超え、人々を魅了する理由に他ならなかったのです。

3

カフカの魅力と占いの関係

例えば、今からズバリあなたの性格をいい当ててみましょう。

「あなたは好奇心旺盛でマイペース。
その一方、神経質な一面も持っています」

どうです？ 当たっていませんか？ というか、コレ、当たって当然なんです。実はこの3つの言葉は、占い師が相手の性格をいい当てる時に使うキーワード、ベスト3だったのである。

1位　マイペース
2位　神経質
3位　好奇心旺盛

例えば、神経質といってもいろいろあるはず。時間にうるさいのか？ それとも食べ物にこだわっているのか？ はたまた潔癖性なのか？

つまりはどうとでも受け取れる言葉。そんな風に占い師は、我々がイメージしやすく、自分に都合の良いよう解釈できる言葉を巧みに使っていたのである。実はカ

フカの小説もこれと同じ。

「彼は歩みをつづけていった。
しかし、城から遠ざかるわけではないのだが、
近づきもしなかった」
(「城」第一章より)

この城という言葉、実にイメージが浮かびやすい言葉である。例えばこれが、風呂屋だったらどうだろう。物語は台無しだ。そう、カフカは占いと同様、どうとでもとれる言葉を小説の世界にちりばめ、読者のイメージを刺激していたのである。

さらに、一流の占い師は、決して結論を断定しないといわれている。

「別れた方がいいかも。
でももし、素直になれば、
彼とやり直せるかもしれません」

相談者があれこれ考えたくなる。そんなヒントを上手に出していき、最終的な結論は相手にゆだねる。それが一流の占い師だ。そしてカフカの小説もこれと同じ。

おかみ「いったいあなたはなんなの?」
K「土地測量師です」
おかみ「あなたは本当のことをいわないのね、
なぜ本当のことをいわないんです?」
(「城」第二十章より)

そんな会話の途中、突然小説は終わってしまうのだ。そう、実は「城」は未完の作品。数々の気になるヒントを出しておきながら、結論を出さぬままカフカは筆をおいたのである。それまでの小説には、なんらかの結末やメッセージがあった。しかし、カフカの作品にそれはない。占いと同様、小説の解釈は読者の手にゆだねられているのである。そしてそれこそ、カフカの小説が、今なお多くの読者を魅了する理由だったのである。

さらに、この「城」という小説には、様々な解釈がされている。そもそも絶対に辿り着けない城というのは何を表しているのだろう?

例えば城の解釈例

1、城=官僚主義の象徴
2、城=父親・権力の象徴
3、城=神の象徴……。

謎は謎のままである。

カフカの女性関係は彼の小説同様、不条理に満ちていました。29歳の時に出会った最初の恋人フェリーツェとはその2年後に婚約します。しかしわずか1カ月で婚約解消。さらにその3年後、再び彼女と婚約。ですがこの時もカフカは、一方的に婚約を破棄してしまいます。その間、彼女に書いた手紙は500余通。そんなカフカの歪んだ恋愛の歴史の中に、ミレナという女性がいました。ミレナとカフカの恋を知らずして、「城」を語ることはできません。

4

カフカとミレナ

カフカとミレナ。二人の出会いは、ミレナがカフカの小説を翻訳したいと申し出たことに始まった。そして、手紙をやりとりするうちに、二人の間には幸福な信頼関係が生まれはじめた。カフカは友人に宛てた手紙の中でこう書いている。

「彼女は、僕がこれまでみたこともないほど、生き生きと輝く火です」

一方ミレナも友人に宛てた手紙にこう書いていた。

「彼の不安がなにであるのか、私には骨の髄までわかっています」

カフカの抱えた不安。昼間は役所に勤め、好きな小説は夜中になってからしか書けなかった。自分を認めてくれない頑固な父親とは、いさかいが絶えなかった。そして彼は、性に対し強い恐れを抱いてもいた。ミレナは、そんな彼の不安や苦悩を誰よりも理解してくれたのである。しかし2人には、簡単に結ばれ得ぬ理由があったのである。

それは、当時カフカにはユーリエという婚約者が、そしてミレナには夫がいたのである。ある時カフカは、ミレナにこんな手紙を送る。

「何といおうと、あなたは彼を愛しているのですから」

ここでの彼というのはミレナの夫のことである。恐らくカフカは、ミレナにこの言葉を否定してもらうためにこの一文を綴ったのだ。彼らしい、歪んだ、それでも精一杯の告白であった。しかし、ミレナからの返事は、カフカを深く傷つけるものだった。

「あなたのおっしゃる通りです。
私は彼が好きなのです。
でもF、あなたのことも好きなのです」

この手紙をきっかけに永遠に続くかと思われた関係はわずか10カ月で終止符を打つ。短かったが、お互いの魂の奥底までのぞき込むような深い関係であった。そしてミレナへの想いがさめやまぬ中、カフカが書きはじめた小説、

それこそが「城」だったのだ。

カフカの「城」。この小説は結局、主人公Kは城に辿り着けないまま、村人たちに翻弄されたまま、尻切れとんぼで終わってしまいます。

しかし、なんと！ この小説の結末を、カフカは友人に語っていたのです。では、小説にも書かれていない、「城」の結末を、あなたにプレゼントしましょう。

「相変わらず、城に辿り着けないある日、
　Kは城から知らせをもらうんだ。
そこには、こう書いてあった。
　村に居住したいというKの要求は受け入れられないが、この先、村で生活し、働くことを許す（※3）って。
　けどね。それを見たKはどうなると思う？
　くたびれちゃうんだ。
　ただ、もうくたびれ果てて、そして、死んじゃうのさ」。

正直いって、つまんないぞ！ その結末！ 投げやりすぎるぞ！

やはり、私たちは、ページごとに新しい意味を表してくる、今のままの「城」をじっくり読むことにしましょう。

注釈コーナー

※1　とかげのおっさん
フジテレビで放送されていたバラエティ番組「ダウンタウンのごっつええ感じ」のコントに登場する、松本人志扮するキャラクターの名称。頭はバーコードのカツラ、そして体がトカゲという風貌。

※2　ボボボーボ・ボーボボ
「週刊少年ジャンプ」(集英社)に連載していた澤井啓夫による傑作ギャグマンガ。アニメ化もされている。西暦300X年、鼻毛真拳の継承者・ボーボボが、全人類の毛を刈ろうとするマルガリータ帝国と戦いを繰り広げるという基本ストーリーはあるものの、話は脱線に次ぐ脱線。シュールな展開とハイテンションなギャグが炸裂する。

※3　この先、村で生活し、働くことを許す
当時、彼の周辺には反ユダヤの気運が高まっていた。

蘊蓄コーナー

生前カフカは短編小説家として知られていた。いくつかある遺稿の作品の中でも、特に「アメリカ」「審判」「城」などの長編小説は、遺稿管理者であったカフカの親友マックス・ブロートが、カフカの遺志に反し、死後公刊したものである。

カフカは自分の作品について語ったアフォリズムの中で、次のように語っている。
「自分の寓話や比喩はいずれも、理解できないことがらは理解されえないことを伝えようとするものである」と。

カフカの大きなコンプレックスとして専制的な父親があった。体力もあり、意志も強く、事業にも成功していた父は、時として息子を生活不能者とみることもあったという。そんな父への尊敬と恐怖、憎しみなどの複雑な感情は、彼のどの作品にも表れることになる。

羅貫中《ラカンチュウ》

中国、元末明初にかけての大小説家、戯曲家。元末、張士誠の幕客となって抗元運動に参加し、銭塘において施耐庵とともに「水滸伝」を作ったともされる。代表作「三国志演義」のほかに「隋唐両朝史伝」「残唐五代史演義」「三遂平妖伝」などが残っている。

20

第20冊
ホテイチで読み解く羅貫中の「三国志演義」
Luo Guanzhong

1330?–1400?

昨日の夜、自分が何を食べたのかさえ覚えてない人もいるのに、遥か1800年前の中国で繰り広げられる男達の一挙手一投足を夢中にさせる本がある。それが「三国志」。これは蜀・劉備玄徳、魏・曹操、呉・孫権、そして天才軍師・諸葛孔明らが繰り広げる友情と裏切り、壮大なスケールの戦いがギッシリ詰まった大河ドラマ。OLのみなさんはピンと来ないかと思いますが、男性はこういう男たちの熱いドラマが大好き！ ということで、今回は男の浪漫と女性の食欲の融合ということで「三国志」をホテイチ（ホテルの1Fの素敵なデリカ）に喩えます。

この章で、みなさんにご紹介するのは「三国志」。ゲーム「真・三國無双3」(※1)のヒットもあるように、ここ最近「三国志」が大ブームです。

私の独自の調査によりますと、お料理教室に通うOLたちの間で青龍刀を使って調理をするのが大流行だとか。そんなあなたも、まだ「三国志」を読んでいないのなら、それは38度の炎天下の中、風呂上がりのビールを夢見て、水分もとらずに我慢し続けたにもかかわらず、うがいをした勢いで、つい水を飲んでしまった(しかも水道水)というくらいにもったいない。

でも、読んでいないあなたも大丈夫! この私が、今流行りの高級ホテルの1階で売られている、ホテルメイドのお惣菜、通称「ホテイチ」の情報を交えながら「三国志」を読んだ気にしてさしあげましょう。

1

「三国志」ってどんな本?

日本の武将のことはよく知らないけれど、中国の歴史にはめっぽう強い、そんな事態を日本じゅうに巻き起こしたのがこの「三国志」。そんなきっかけとなったのがKoeiが発売したゲームソフト「三國志」(※2)である。1985年の発売以来、売れ続けることなんと1000万本。これは東京23区に住む人々が全員持っているという計算になる。そしてまた、10万部売れればベストセラーといわれる書籍業界で、「三国志」の文庫本の売り上げは600万部。この部数はまさにモンスター級である。その勢いにのり「三国志」を題材にしたビジネス書や、マニア心をくすぐるフィギュアなど、「三国志」関連の商品は、こうしている今もなお飛ぶように売れているのである。

そんな大人気の「三国志」。そのお話の内容は、今を遡ること1800年前。
情に熱く気さくな男、

劉備が率いる「蜀」

冷徹で残酷無比な男、

曹操が率いる「魏」

親から国を受け継いだ堅実な男、

孫権が率いる「呉」

が、中国を統一しようと、互いにしのぎをけずりあっていた……。
という、そんな時代を描いた、それはもう壮大な歴史小説なのである。

とはいえ、ただ単に戦いばかりが書かれている本ではない。そこには、月9ドラマばりのラブロマンス、寅さん顔負けの人情劇、スポ根マンガもビックリの男同士の友情など、ありとあらゆる人間ドラマが詰め込まれた、

それこそ究極の娯楽大作だったのである。

突然ですが、「三国志」の主人公は一体誰でしょう？　答えは劉備。では、劉備を脇でがっちり支えたいってみれば水戸黄門のスケさんカクさんのような存在といえば誰と誰でしょう？　答えは関羽と張飛。それでは、数々の戦略で劉備をサポートした天才軍師は？　そう、孔明ですね。

それではあなたは

「三国志」には、本当の「三国志」がある
ということをご存じですか？

2

三国志の魅力

三国志の醍醐味。それは登場人物たちの魅力的なエピソードである。例えば、劉備、関羽、張飛の3人が、我々は一心同体。死力をつくし天下を統一しようと、義兄弟の誓いをたてたという

「桃園の義」。

戦争戦術の天才、孔明をぜひとも自分たちの仲間に迎えたいと劉備自らが3度にわたり孔明の家を訪れ口説き落とした

「三顧の礼」。

さらに孔明が

3日で10万本の矢を集めるエピソード。

これは山のように草の束を積んだ船で、敵軍のそばに行き、相手が打った矢がその草に刺さると、あっという間に撤退。見事10万本の矢をたった3日で手に入れたという天才的な作戦である。しかし、そんな数多い魅力的なエピソードの裏には、なんと驚愕の事実があったのだ！

3

本当の三国志とは？

中国には2800年以上も前から、国の歴史を正確に書き残す「史官」という専門職があった。

その「史官」のひとりであった陳寿が、
魏、呉、蜀の歴史を正確に書き残したのが
「正史三国志」(※3)。

つまりこれは本当の歴史書。

それでは中身はというと、

208年　赤壁で戦いがありました。

221年　張飛が部下に殺されました。

と、実際に起きた出来事だけを記した、あっさり、さっぱりとした内容であった。

しかし、

そんな「正史三国志」が書かれてから
1000年ほどたったある日。
劇作家、羅貫中が「正史三国志」を脚色し、
娯楽性たっぷりの小説を作り出した。
それが「三国志演義」である。

そしてこちらが、現在世間一般にいわれる「三国志」になっているのである。

それでは、この「正史三国志」と「三国志演義」、どれくらい違うものなのか、その代表が、先ほど挙げた3つのエピソードである。

まずは「桃園の義」。これは3人で死力をつくし天下を統一しようと男同士が誓いあう有名なエピソードだ。しかし「正史」には存在しない。これは劉備、関羽、張飛の三人がより魅力的に見えるよう、羅貫中により加えられた架空のエピソードだったのである。

そして「三顧の礼」。これは、

先主（劉備）ついに亮（孔明）に詣る。
およそ三たび往き、すなわち見る。

と、確かに劉備は3回孔明のもとを訪れたと「正史」に記されている。がしかし、たった23文字のこの一文を「演義」では173倍の4000文字に膨らませ、ドラマチックに描写しているのである。

さらに10万本の矢。これは「正史」に存在する。

がしかし、「正史」には「呉」の国王である孫権がおこなったと記されている。これは、孔明の天才軍師ぶりが発揮されたほうが読者にウケると判断した羅貫中の人物すりかえだったのである。

このように、そんな「三国志演義」をすべて歴史的な事実と思い込んでいると、とんだ赤っ恥じをかくこともあるので、くれぐれも御注意を。

高級ホテルで買ってきたローストビーフ。食欲の秋にはたまらない一品です。一方、人生に役立つエピソード満載の「三国志」。読書の秋には最適なぶ厚い本です。そして、実は私、発見してしまったんです。この2つに意外な共通点があったことを。

4

意外な共通点?

高級ホテルの料理をリーズナブルに楽しむ方法がある。それがホテイチ(※4)。この、ホテルの1階にあるお惣菜コーナーを知ることで、「三国志」に記された魅力的なエピソードが理解できるのである。

例えば、「グランド赤坂プリンスホテル」(※5)の1階にあるBakery Shop「ブーランジュリー アカサカ」。こちらのホテイチにはヘルシーなお惣菜が30種類。なかでもオススメなのが、あのNASAが注目するキヌアを使ったサラダ(ごぼうサラダ260円)。このキヌアは、アトピーやアレルギーを抑える効果があるスーパー穀物。まさに健康ブーム真っ盛りの現代にぴったりなお惣菜である。

そして、ホームパーティーでホテルの味を楽しみたいというお客さまのリクエストにお答えして、オーダーデリ(要予約)を開始(FAX:03-3264-2807/インターネット:http://www.princehotels.co.jp/akasaka/)している。

これは、世界各地の厳選された食材で、丁寧に調理されたシェフ特製のお料理がテイクアウトできるという新しい、なんともうれしいサービスである。誕生日やホームパーティーに最適とあって予約も殺到中である。そんな赤坂プリンスのホテイチは

「士、別れて三日刮目してあい待す」

に、当てはまる。これは、事態の移り変わりを敏感にとらえていなければ、自分は取り残されてしまうという「三国志」のエピソードと同様なのだ。つまり、Bakery Shop「ブーランジュリーアカサカ」は、お客さまのニーズに敏感に対応したことで、大成功を収めたのである。

一方、43年の歴史を誇る「パレスホテル」(※6)の1階にある「デリカテッセン」。食のパレスと呼ばれるこちらのホテイチでは、和洋中の30種類の料理が楽しめることで知られている。ちなみに和食の料理長オススメは和食惣菜(1000円)、洋食の料理長オススメはハンバーグステーキ(600円)、そして中華の料理長のオススメは中華前菜(2000円)である。

そして、このパレスホテルのレストランを仕切る3人の料理長が新メニュー開発のため、なんと和洋中の垣根を超えて、強力なタッグを組んだのであった。

その結果、誕生したのが、和洋中のお惣菜セット「三国志」(5000円)。これこそ3人で死力をつくし天下を統一しようと誓いあった「桃園の義」そのもの。ホテイチ用のスペシャルメニューを作るため、一丸となった3人の料理長は、まさに現代の劉備、関羽、張飛なのである。

さらに、「三国志」とホテイチには、まだまだ共通点があるのだ。もともと「正史三国志」は国のために書かれた歴史書。その歴史書が羅貫中により「三国志演義」という小説に形を変え、数多くの人々が楽しめるものとなった。

一方、格式もお値段もハイクラスなホテルの料理は、ホテイチによりリーズナブルなお惣菜に形を変え、気軽に、より多くの人々が楽しめるようになったのである。これこそ、まさに「三国志」とホテイチの意外な共通点だといえるのではないだろうか。

5

羅貫中の知られざる人生とは？

そんな、羅貫中の書いた「三国志演義」には、実はある秘密が隠されている。そして、そこには彼の人生が大きく関係していたのである。

「三国志演義」は、海外でも読まれている有名な歴史小説。しかし、その作者である羅貫中のことは実はあまり知られていない。羅貫中は大変な勤勉家で、頭の回転も抜群。そんな彼が目指したのが、中国の政治を動かせる役人であった。

しかし1279年、中国はモンゴルに占領され、元王朝というモンゴル人による独占政治が始まった。役人になる夢を閉ざされた羅貫中は、しかたなく劇作家の道を歩み始めるのであった。そんな羅貫中が、この時執筆したのが「三国志演義」。その中で羅貫中は、絶大な権力を振りかざして中国統一を果たした曹操を悪人とし、その曹操に真正面から戦いを挑んだ劉備を正義の主人公として描いたのである。

**これは羅貫中が役人になり、
世の中をいくら変えたいと願っても
かなわなかったという、
モンゴル人の権力に
屈していなければならないという
元王朝に対する強烈な反発心に他ならない。**

そしてこの羅貫中の「三国志演義」に描かれた正義の主人公、劉備に共感を示したのが、当時の庶民たちだった。

なぜなら、主人公劉備の設定は、

**「農民から一国の主人に上り詰めた
ハングリー精神の持ち主」**

だったからなのだ。そんな「三国志演義」は、中国全土の庶民の間に広まり、「三国志」を題材にした娯楽演劇では、観客は曹操が負けるシーンには躍り上がって喜び、劉備が負けるシーンでは、涙を流し悲しんだというほどだった。

こういう歴史の背景を含んでいる羅貫中の「三国志演義」。この800年前の歴史小説が、現代でも読み続けられる理由は、

「われわれもいつかきっと……」

という、羅貫中の無言の中に秘められた、熱いエールにあるのかもしれない。

というわけで、熱いエールを感じてしまったあなたに、最後にさらに熱くなるエピソードを「三国志」からご紹介しましょう。

それは、

「読書百遍義、自ずから見(あらわ)る」

これは、どんな本でも百回読めば、作者のいいたかったことがわかるという意味。しかし、この「三国志」。翻訳本でも8冊。1日1冊読んだとして、8冊×100回=2年と2カ月……。

つまりは、そのくらいのつもりでがんばれば、何でも解決できるということなのかもしれません。

でも、ご安心を。この本は1冊なので、ここまで読み進めていただいた読者の方は、残すところあと99回……。

それでは、再見(サイチェン)!

注釈コーナー

※1　真・三國無双3
Koeiが2003年2月に発売したPlayStation2用ゲーム。広大な中国領土を舞台に、三国志に登場する武将たちが死闘を繰り広げる3Dアクションゲーム。それら武将を操り、三国志のエピソードを楽しむことももちろんだが、自分だけのオリジナルキャラを登場させ架空の対決をさせるなど、さまざまな方法で楽しむことができる。大人気シリーズとなっており、新作や派生ソフトも数多い。

※2　三國志
Koeiが1985年に発売したパソコン用ゲーム。以降シリーズ化された人気ゲーム。なお同社では1983年に「信長の野望」という歴史シミュレーションゲームも発売している。

※3　正史三国志
陳寿（233〜297）によって書かれた歴史書、全65巻。もとは私撰の書であった。魏志30巻、蜀志15巻、呉志20巻よりなる。「三国志」は、三世紀半ばに歴史書「正史」が成立、それを元にした荒唐無稽な講談が大衆芸能として人気を博していた。14世紀末頃に「正史」の事実と講談の面白さをミックスした「三国志演義」という決定版が登場、現在、我々の知っているエピソードの多くは「演義」から。「三国志演義」はこの書をもとにして羅貫中によって書かれたものである。

※4　ホテイチ
「ホテル1階にあるショップやテイクアウトコーナー」の略。デパートの地下食品売り場の「デパチカ」にならった呼び名で、ホテルオークラがテイクアウトコーナー「シェフズガーデン」の宣伝のために命名したとされる。ホテルと同じ味が手軽に楽しめるのが、その人気の理由。

※5　グランドプリンスホテル赤坂、ブーランジュリー アカサカ
「グランドプリンスホテル赤坂」（東京都千代田区紀尾井町）にある「ブーランジュリー アカサカ」。ここでは焼きたてパンやサンドイッチ、オリジナルケーキ、シェフ自慢のデリカテッセンなどが楽しめる。
http://www.princehotels.co.jp/akasaka/

※6　パレスホテル、デリカテッセン
「パレスホテル」（東京都千代田区丸の内）の1階にある「デリカテッセン」だが、現在このホテルは立替工事のため2009年2月から一時休館。2012年春の開業を予定している。
http://www.palacehotel.co.jp/

蘊蓄コーナー

現在の日本で、もし三国志を読もうと思った場合、それは「正史三国志」や「三国志演義」ではなく、横山三国志（横山光輝「三国志」潮出版社／全60巻）または吉川三国志（吉川英治「三国志」講談社／全8巻）がおすすめともいえる。

陳寿により歴史の事実が書かれた「正史三国志」。これは「魏書」「蜀書」「呉書」3部からなり、各国の人物が描かれている。しかし二十五史あるという「正史」の中で、このように3部で構成されているのはこの「三国志」のみなのである。
ではなぜ、このように3部に分けられたのであろうか？ それは、陳寿が蜀出身だったため、魏を統一王朝としたくなかったからだといわれている。

3部構成の歴史書「正史」は、全部で65巻。「魏書」が30巻。「蜀書」が15巻。「呉書」が20巻となっている。当然、正統王朝である魏を描いた「魏書」がそのボリューム的には半分をしめているが、その内容に皇帝の伝記である「本紀」が存在するのもその特徴である。

「正史三国志」と「三国志演義」の違いの中で、大きく違う点。それは曹操が悪役として描かれ、劉備玄徳と諸葛孔明が主役として置き換えられ、スーパースターとして描かれているところである。「正史」では、もちろん曹操は天下を治めるのにふさわしい人物として描かれている。

清の歴史家、章学誠によれば「三国志演義」は「七分の真実、三分の虚構」といわれている。逆に考えれば、その7割は真実であるというのが「演義」のすごい部分でもあるのだ。

「正史三国志」と「三国志演義」。それでは本国である中国では、果たしてどちらが読まれているのであろうか?
そう、やはり人気があるのは「三国志演義」の方である。

本書は、2004年に小社より刊行されました
「お厚いのがお好き?」を加筆修正のうえ、
文庫化したものです。

Recommended Philosophy Books for You

「お厚いのがお好き?」オススメ哲学書

「お厚いのがお好き？」という本書。このひとつのチャンスを利用せずに、今後、さらなる哲学という“ものの見方・考え方”と出合う機会を見逃してしまうなら、それは、なんともったいないことでしょう！ここでは、そんなお厚い本の世界に惹かれかけているあなたに最適なオススメ本をご紹介！

01

「これがニーチェだ」

永井均／著　講談社現代新書

ニーチェ哲学の本質を激しく浮き彫りにしてくれるすばらしい一冊です。読み終わった後、あなたが人生においていままで漠然と感じていた「あること」についての姿をハッキリと自覚できるかもしれません。ニーチェを知っている人も知らない人も、首を縦に振ったり横に振ったり、たまには回してみたり、いろいろな反応がでることでしょう。ショックが大きいので、覚悟してお読みください。

02

「まんが孫子の兵法」

武岡淳彦／監修・解説、柳川創造／解説、
尤先瑞／作画、鈴木博／訳　集英社

「彼を知りて己を知れば、百戦して殆うからず」、「戦わずして克つ」などの孫子の思想をマンガでやさしく解説しています。ビジネスマンが不況を乗り切っていくには、もはや孫子の兵法しかない？ 朝の満員電車で不愉快なときは、マンガ孫子でリフレッシュしましょう。もちろん、会社で策略をこらしすぎると嫌われるのでほどほどに。

03

「図解雑学 サルトル」

永野潤／著　ナツメ社

様々な学問を図解で整理して紹介するこのシリーズ。雑学というにはあまりに詳しすぎます。サルトルの思想内容がたいへんユニークにイラスト化。女子アナは出てきませんが、サルトルの女性関係までが絵になっています。実存主義は古いなんて食わず嫌いしないで、このエキサイティングな思想の現代性を考えてみてはいかがでしょうか。

04

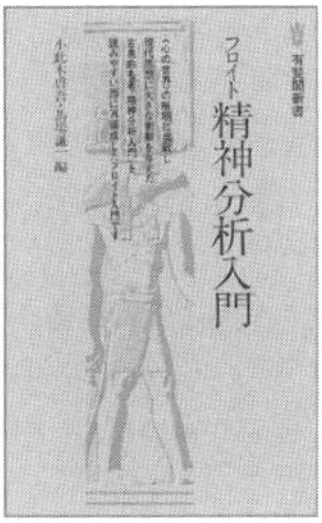

「フロイト 精神分析入門」

小此木啓吾、馬場 謙一／編　有斐閣新書

あまりに正統な「精神分析入門」の解説書。フロイトの著作にそって忠実に解説がすすんでいくので、大学の一般講義に参加したような基本が身につきます。意識の力動的なメカニズムの流れがよく理解できるので、フロイトの著書に挑む前に読んでおくとよいでしょう。読みすすむうちに思わず眠くなっても夢分析ができますからご心配なく。

05

「フロイト FOR BEGINNERS」

リチャード・アッピグナネッセイ／文
オスカー・サーラティ／イラスト　加瀬亮志／訳　現代書館

数時間で、ポイントだけをつかみたいという忙しいあなたには、マンガで解説のFOR BEGINNERSシリーズをおすすめします。内容の面白さもさることながら、絵が精神分析そのまんまという怪しさに満ちていてグーです。パラパラと眺めているだけでも楽しい、芸術的な一冊といえましょう。

06

「プラトン 哲学者とは何か」

（シリーズ／哲学のエッセンス）

納富信留／著　日本放送出版協会

最近はやりの薄型ワンポイント哲学本ですが、内容が深いので哲学入門者の方も読み込むのは大変かもしれません。薄いけれどもお厚い一冊といえます。本書は今までのプラトン哲学の解説とは角度を変えて、政治との関係で哲学者の生き様を描いています。

07

「プラトンI」

プラトン／著　田中美知太郎／編　中央公論新社

突然、どうして哲学者本人の著作紹介なの？ と疑問に思われる方もあるかもしれませんが、対話編なのでとっつきやすいというそれだけの理由でおすすめリストにランクインしました。もちろん内容はハードです。登場人物がソクラテスの問答によって自分の考え方を修正していく姿に、自分の魂がオーバーラップするかもしれません。

08

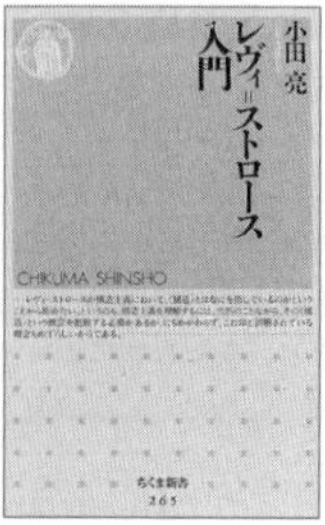

「レヴィ＝ストロース入門」

小田亮／著　ちくま新書

構造主義について知りたいと思ったら、必ずレヴィ・ストロースの文化人類学から入るのが常識。「自分は文化人類学は抜きで、構造主義そのものをてっとりばやく知りたい」と焦ってもそれは無理な相談。でも本書は、構造とは何かを最初にはっきりと説明してくれるので、そういうせっかちな人も満足だと思います。中盤からは大変に複雑化してくるので、心して読みましょう。

09

「構造主義入門 理論から応用まで」

J.-B.ファージュ／著　加藤晴久／訳　大修館書店

ソシュールの言語論から、パリコレのモード分析まで、まさに「理論から応用まで」なのです。ちょっと応用しすぎというぐらい構造主義の多様な展開を網羅した入門書。第一部、第二部の言語論・規則が、第三部で「料理」、「服飾」、「映画・テレビ」、「広告」などに応用されます。構造主義ってこうやって使えるんだぁ〜と実感できる一冊です。

10

「ヘーゲル・大人のなりかた」

西研／著　日本放送出版協会

ヘーゲルの哲学はハッキリいって難しすぎる。ヘーゲルが簡単になりようもない。安易な道は残されていないので、もう読むのをやめるか、腹を決めて倒れるまでやるしかないでしょう。と思いきや、ここに救世主登場！これはわかりやすすぎますぞ。「個と共同体の関係」について考えさせられる入門書。「大人のなりかた」という題名の謎も30へェくらいに納得。

11

「90分でわかるキルケゴール」

ポール・ストラザーン／著　浅見昇吾訳　青山出版社

もともと薄い本なのですが、ハードカバーの厚みをさし引くともっと「お薄く」なるので、忙しいあなたにはぴったりです。90分でわかるわけないじゃないかとバカにしてはいけません。限りなくやさしい言葉で、哲学のポイントを説明してくれます。同シリーズの他の哲学者についても参照してみてください。90分でわからないときは95分までがんばってみましょう。

12

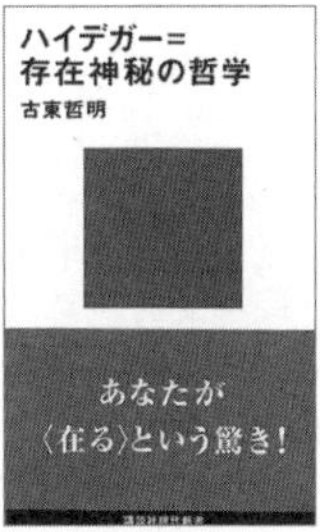

「ハイデガー 存在神秘の哲学」

古東哲明／著　講談社現代新書

哲学の中でも未だ謎めいた光を放っている存在論。しごくあたりまえな「存在」について考えていくと、どうしようもなくあたりまえではなくなってくる。本書は「存在」の何がすごいのかがわかるまで、懇切丁寧に誘導してくれる珍しい本。日常のすべてがワンダーワールド。この不思議さを感じ始めたら、あなたはもう哲学の世界から足を洗えません。

13

「ベンサム」人と思想シリーズ

山田英世／著　清水書院

伝統ある同シリーズは、あらゆる思想家を網羅しているので、何を読もうかと迷ったときに重宝するでしょう。思想家の生涯と思想内容がバランスよく配分されているので、参考書として最適です。この「ベンサム」の巻も「ミイラのエピソード」まで含まれていてサービス満点です。

14

「そうだったのか現代思想〜ニーチェからフーコーまで」

小阪修平／著　講談社プラスアルファ文庫

思わず「そうだったのか!」と叫んでしまう一冊。在野の哲学者小阪修平先生が、講義調で語ってくださる現代哲学のパフォーマンス。ニーチェ、フロイト、ソシュール、ハイデガー、サルトル、レヴィ・ストロース、デリダ、フーコーなどなど、内容の水準を落とさずにめいっぱいやさしく教えてくださいます。ところどころに挿入されている簡要な図が理解を助けます。

15

「哲学の道場」

中島義道／著　ちくま新書

その語り口の迫力に圧巻。真摯に哲学する姿には感動の嵐。頭からバケツで水をぶっかけられるような本です。「哲学は難しくない」という本が出回る中で、著者はあえて「哲学は難しい」という本当のことを暴露しています。だったら、「お厚いのがお好き?」の立場はどーなるのという心配はご無用。本書は、やさしい哲学本と難解な哲学本のギャップを埋めてくれるヒントを示してくれているのです。

16

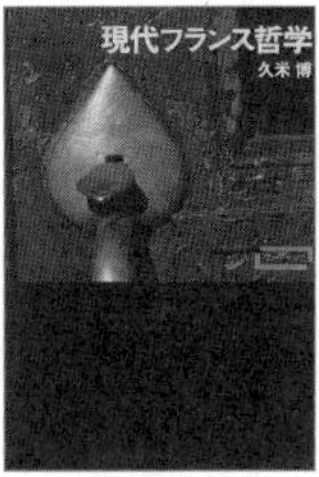

「現代フランス哲学」

久米博／著　新曜社

おしゃれなフランス現代哲学が、まじめに勉強できます。あとがきにも「用語解説に終わらずに、その哲学者の思想を五千字以内にまとめるには、高度の技量を必要とすることが痛感された」と記されておりますが、まさに高度な職人技。極限までダイエットした美しい本。著者の哲学をわかりやすく伝えたいという情熱が伝わってきます。

17

「西洋哲学史 −理性の運命と可能性−」

岡崎文明、谷徹、杉田正樹、他／著　昭和堂

哲学入門のための概説書です。副題にもありますように理性テーマとして哲学史が展開されます。切り口がシャープで、次々と斬新な問題提起がされるので、読んでいて飽きがきません。一通り哲学を学んだ方も、おもしろく読めるはずです。背表紙に「哲学史と哲学への、入門書を越えた入門書」と記されていて納得。

18

「これならわかる！ 哲学入門」

富増章成／著　PHP研究所

疲れた時にはこの一冊。富増先生執筆の超初者向き哲学本です。「お厚いのがお好き?」同様、日常の喩えから哲学が理解できます。「プリクラでプラトンがわかる」、「モーニング娘。でライプニッツがわかる」、「しゃぶしゃぶ食べ放題でカントがわかる」、「回転寿司で仏教がわかる」など、とんでもない喩えから難解な哲学がサラッとわかる。哲学のツボを押されて気分爽快。ベタなギャグ満載で心が癒されることでしょう。

TV On Air List

「お厚いのがお好き?」全放送リスト

話数	放送日	テーマ
第01回	2003年04月10日	ラーメンで読み解くマキャベリの「君主論」
第02回	2003年04月17日	ダイエットで読み解く ニーチェの「ツァラトゥストラはかく語りき」
第03回	2003年04月24日	コンビニ業界で読み解く孫子の「兵法」
第04回	2003年05月01日	エンターテインメントの世界で読み解く パスカルの「パンセ」
第05回	2003年05月08日	女子アナで読み解くサルトルの「存在と無」
第06回	2003年05月15日	テレビ業界で読み解くフロイトの「精神分析入門」
第07回	2003年05月22日	グラビアアイドルで読み解くプラトンの「饗宴」
第08回	2003年05月29日	六本木ヒルズで読み解くモンテスキューの「法の精神」
第09回	2003年06月05日	駅弁で読み解くソシュールの「一般言語学講義」
第10回	2003年06月12日	お笑い芸人で読み解くドストエフスキーの「罪と罰」
第11回	2003年06月19日	日光金谷ホテルで読み解く プルーストの「失われた時を求めて」
第12回	2003年06月26日	ペットで読み解くヘーゲルの「精神現象学」

第13回　2003年07月03日　腕時計で読み解くアダム・スミスの「国富論」

第14回　2003年07月10日　カメラで読み解くキルケゴールの「あれか　これか」

第15回　2003年07月17日　バスガイドで読み解く宮本武蔵の「五輪書」

第16回　2003年07月24日　花火で読み解くハイデガーの「存在と時間」

第17回　2003年07月31日　アミューズメントパークで読み解く
ベンサムの「道徳及び立法の原理序論」

第18回　2003年08月07日　グルメで読み解くく福沢諭吉の「学問のすすめ」

第19回　2003年08月14日　占いで読み解くカフカの「城」

第20回　2003年08月21日　ホテイチで読み解く羅貫中の「三国志演義」

第21回　2003年08月28日　スローフードで読み解く「老子」

第22回　2003年09月04日　アイスクリームで読み解くダーウィンの「種の起源」

第23回　2003年09月11日　入浴剤で読み解く
ジャック・デリダの「グラマトロジーについて」

第24回　2003年09月18日　海外旅行で読み解くアインシュタインの「相対性理論」

第25回　2003年10月09日　「『お厚い』抜き打ちテスト」（という名の総集編）

第26回　2003年10月16日　ケーキで読み解くマルクス「資本論」

第27回　2003年10月23日　昭和ビジネスで読み解く
サン＝テグジュペリの「星の王子さま」

第28回　2003年10月30日　お茶で読み解くユングの「人間と象徴」

第29回　2003年11月06日　宝くじで読み解く
ウィトゲンシュタインの「論理哲学論考」

第30回　2003年11月13日　グルメで読み解く、デカルトの「方法序説」

第31回	2003年11月20日	女子高生ファッションで読み解く フーコーの「言葉と物」
第32回	2003年11月27日	鍋料理で読み解くジョイスの「ユリシーズ」
第33回	2003年12月04日	女性ファッション誌で読み解く セルバンテスの「ドン・キホーテ」
第34回	2003年12月11日	TVショッピングで読み解くカントの「純粋理性批判」
第35回	2003年12月18日	別府温泉・地獄巡りで読み解くダンテの「神曲」
第36回	2004年01月08日	コレクターで読み解くゲーテの「ファウスト」
第37回	2004年01月15日	サウナで読み解く ショーペンハウアーの「意志と表象としての世界」
第38回	2004年01月22日	携帯電話で読み解く ドゥルーズ=ガタリの「アンチオイディプス」
第39回	2004年01月29日	チョコレートで読み解く ガルシア・マルケスの「百年の孤独」
第40回	2004年02月05日	寿司で読み解く新渡戸稲造の「武士道」
第41回	2004年02月13日	バレンタインで読み解くスピノザの「エチカ」
第42回	2004年02月19日	アロマテラピーで読み解く ジェームズの「プラグマティズム」
第43回	2004年02月26日	マジックで読み解くフッサールの「イデーン」
第44回	2004年03月04日	焼酎で読み解くアリストテレス「形而上学」
第45回	2004年03月11日	焼肉で読み解く筒井康隆「虚人たち」
最終回	2004年03月18日	「お厚いのがお好き?」で読み解く レイ・ブラッドベリ「華氏451度」

Stuff List

「お厚いのがお好き?」番組スタッフ

CAST

本の案内人／白井 晃

小さい男／石井正則

里枝／蒲生麻由

ナレーター／服部 潤

STUFF

企画／小山薫堂

構成／小山薫堂　山名宏和　大原広軌　内田ぽちぽち　河合秀仁

演出／石川北二　三木康一郎　沼尾純也　津坂健一

イラスト／益田ミリ　華鼓　本田佳世

プロデューサー／大林里枝

アシスタントプロデューサー／曽我 勉

制作著作／アミューズ

「お厚いのがお好き?」書籍スタッフ

哲学監修／富増章成

協力監修／坂内 正　加来耕三

編集執筆／中村孝司(スモールライト)

編集／山田洋子(オフィスカンノン)

イラスト／益田ミリ　華鼓

ブックデザイン／大橋一毅(DK)

編集協力／伊東ひとみ

編集担当／江口裕人(扶桑社)

なおかつ、お厚いのがお好き？

世界の名著をたちまち読んだ気になれる魅惑の一冊！

小山薫堂（「お厚いのがお好き？」企画・構成）

×

富増章成（「お厚いのがお好き？」哲学監修）

によるスペシャル対談も収録!!

ケーキで読み解くマルクスの「資本論」／お茶で読み解くユングの「人間と象徴」／宝くじで読み解くウィトゲンシュタインの「論理哲学論考」／グルメで読み解くデカルトの「方法序説」／女子高生ファッションで読み解くフーコーの「言葉と物」／鍋料理で読み解くジョイスの「ユリシーズ」／女性ファッション誌で読み解くセルバンテスの「ドン＝キホーテ」／テレビショッピングで読み解くカントの「純粋理性批判」／別府温泉・地獄巡りで読み解くダンテの「神曲」／コレクターで読み解くゲーテの「ファウスト」／サウナで読み解くショーペンハウアーの「意志と表象としての世界」／携帯電話で読み解くドゥルーズ＝ガタリの「アンチ・オイディプス」／チョコレートで読み解くガルシア・マルケスの「百年の孤独」／寿司で読み解く新渡戸稲造の「武士道」／アロマテラピーで読み解くジェームズの「プラグマティズム」／マジックで読み解くフッサールの「イデーン」／焼酎で読み解くアリストテレスの「形而上学」／焼き肉で読み解く筒井康隆の「虚人たち」

Books for Reference

全参考文献

「君主論」マキャベリ著　河島英昭訳　岩波文庫

「ツァラトゥストラ」上下　ニーチェ著　吉沢伝三郎訳　筑摩書房

「善悪の彼岸・道徳の系譜」ニーチェ著　信太正三訳　筑摩書房

「新訂 孫子」金谷治訳　岩波文庫

「中国古典の名言録」守屋洋、守屋淳著　東洋経済新報社

「東洋の賢者の思想がよくわかる本」富増章成著　中経出版

「パンセ」パスカル著　前田陽一、由木康訳　中公文庫

「存在と無」上下　サルトル著　松浪信三郎訳　人文書院

「精神分析学入門」フロイト著　懸田克躬訳　中公文庫

「賢者の思想がよくわかる本 西洋の思想家編」富増章成著　中経出版

「プラトンI」（世界の名著）田中美知太郎編　中央公論新社

「プラトンII」（世界の名著）田中美知太郎編　中央公論新社

「法の精神」上下　モンテスキュー著　野田良之訳　岩波文庫

「一般言語学講義」フェルディナン・ド・ソシュール著　小林英夫訳　岩波書店

「ソシュールを読む（岩波セミナーブックス 2）」丸山圭三郎著　岩波書店

「罪と罰」上中下　ドストエフスキー著　江川卓訳　岩波文庫

「謎とき『罪と罰』」江川卓著　新潮選書

「プルーストの部屋『失われた時を求めて』を読む」上下　海野弘著　中公文庫

「対話と肖像」吉田城著　青山社

「精神現象学」ヘーゲル著　長谷川宏訳　作品社

「道徳感情論」上下　アダム・スミス著　水田洋訳　岩波文庫

「国富論」アダム スミス著　水田洋訳　岩波文庫

「キルケゴール」(センチュリーブックス 人と思想 19) 工藤綏夫著　清水書院

「キルケゴール」(世界の名著 40) キルケゴール著　桝田啓三郎編　中央公論新社

「五輪書」宮本武蔵著　鎌田茂雄　講談社学術文庫

「図解雑学 宮本武蔵」加来耕三監修　岸祐二著　ナツメ社

「図解雑学 五輪書」加来耕三監修　岸祐二著　ナツメ社

「武蔵の謎＜徹底検証＞」加来耕三著　講談社文庫

「『宮本武蔵』という剣客 その史実と虚構」加来耕三著　日本放送出版協会

「宮本武蔵大事典」加来耕三編　新人物往来社

「存在と時間」(世界の名著62) 原佑、渡辺二郎訳　中央公論新社

「ハイデガー　存在の歴史」高田珠樹著　講談社

「ベンサム」(センチュリーブックス 人と思想 16) 山田英世著　清水書院

「学問のすすめ」福沢諭吉著　岩波文庫

「城」フランツ・カフカ著　前田敬作訳　新潮文庫

「カフカの『城』」坂内正著　創樹社

「カフカ解読」坂内正著　新潮選書

「三国志」上中下　羅貫中著　岩波少年文庫

「岩波社会思想事典」今村仁司、三島憲一、川崎修編　岩波書店

「哲学事典」平凡社

お厚いのがお好き?

発行日　2010年３月10日　初版第１刷発行

2010年８月30日　　　第２刷発行

発行者　久保田榮一

発行所　株式会社扶桑社

〒105-8070　東京都港区海岸1-15-1

TEL. 03-5403-8870（編集）

03-5403-8859（販売）

http://www.fusosha.co.jp/

企画協力　株式会社フジテレビジョン

株式会社アミューズ

印刷・製本　図書印刷株式会社

ISBN 978-4-594-06152-4　Printed in Japan